John Stuart Mill

L'Utilitarismo

La felicità per il maggior numero di persone

A cura di
Salvatore Primiceri

*Finito di stampare nel mese di febbraio 2024
presso Rotomail Italia Spa – Vignate (MI)
per conto di Primiceri Editore Srls
Via Savonarola 217, 35137 Padova
Prima Edizione
ISBN 978-88-3300-345-0
Traduzione di Salvatore Primiceri
www.primicerieditore.com*

INTRODUZIONE

LA FELICITÀ DEGLI ALTRI
di Salvatore Primiceri

John Stuart Mill (1806-1873) deve la sua "fede" nell'utilitarismo all'educazione ricevuta dal padre, James Mill, e al suo vero maestro ispiratore, il filosofo e giurista Jeremy Bentham. Proprio con quest'ultimo, John Stuart Mill fondò la "società utilitarista", le cui riunioni si svolgevano a casa di Bentham, per promuovere e strutturare i fondamenti di questa filosofia. L'utilitarismo è una dottrina etica, ovvero una teoria che si occupa del comportamento umano, di come e quando questo debba essere giudicato buono e giusto, che trova le sue fondamenta nell'esperienza pratica, negando così altre scuole di pensiero basate, invece, sull'intuizionismo e sul deontologismo. Mill, infatti, non crede che a determinare un comportamento corretto dell'agire umano possa bastare un elemento morale intuitivo, cioè l'uomo non fonda la sua moralità su una sorta di intuizione naturale su cosa sia giusto o sbagliato fare, anche se il filosofo inglese riconosce la natura benevola dell'essere umano. Né, tantomeno, egli crede che sia sufficiente l'elemento intenzionale, fulcro della dottrina deontologica di cui era fervente sostenitore Immanuel Kant, per il quale un'azione è buona se è buono il movente che la provoca. Mill, così come i suoi maestri, non accettava l'idea che al momento di decidere un'azione da compiere, l'uomo non si preoccupasse delle conseguenze che questa avrebbe prodotto, ritenendosi "assolto" nel suo corretto agire dal semplice fatto di essere confortato da un lume naturale o da una sana intenzione. Ancor di più Mill rifiutava l'idea che la moralità derivasse dalla religione. Mill ebbe un'educazione irreligiosa, lontana, cioè, da qualsiasi tipo di influenza circa l'origine prima del creato. Mill non mancava di rispetto alle religioni, ma non le riteneva necessarie allo sviluppo di una dottrina etica universale. Secondo Mill, quindi, la morale non è direttamente discendente dalla religione, anzi, può e deve esistere un'etica "umana", senza elementi sovrannaturali, in cui ogni uomo, credente o non credente, si possa riconoscere e nel cui perimetro possa muoversi. Questa etica egli la chiama utilitarismo. I principi che la compongono sono essenzialmente due: il "principio di utilità" e il "principio della felicità per il maggior numero". Il principio di utilità afferma che "le azioni sono giuste nella misura in cui tendono a promuovere la felicità, sbagliate nella misura in cui tendono a promuovere l'opposto della felicità". La felicità si ha in presenza del piacere o in assenza di dolore. Il principio di maggior felicità completa quello dell'utilità sostenendo che un'azione è moralmente corretta se produce il massimo beneficio o piacere per il maggior numero di persone coinvolte. Ogni azione è buona, quindi, se è in grado di massimizzare il piacere e ridurre il dolore. La felicità, pertanto, è il fine dell'utilità. Mill argomenta che il piacere non deve essere considerato solo in termini quantitativi, ma soprattutto qualitativi. Questo significa che il piacere di alcune azioni può essere più significativo o soddisfacente rispetto ad altre. Mill distingue tra piaceri superiori e piaceri inferiori. I piaceri superiori sono quelli associati all'intelletto, alla cultura e alla moralità, mentre i piaceri inferiori sono quelli più immediati e animali, come la soddisfazione dei desideri fisici. Secondo Mill, i piaceri superiori sono preferibili ai piaceri inferiori in quanto tendono a portare a una maggiore felicità a lungo termine e contribuiscono al progresso umano. Tale impianto di base della filosofia utilitarista non poteva non scatenare critiche e fraintendimenti. Per questo, nel presente saggio, il nostro filosofo cerca non solo di renderne più chiari i principi che la reggono, ma anche di confutare le tesi contrarie. Non c'è dubbio che l'utilitarismo ha assunto, grazie a Mill, la sua forma più coerente e strutturata rispetto alle prime elaborazioni del padre e di Bentham. L'etica utilitarista è detta anche consequenzialista in quanto, come possiamo dedurre da quanto detto in precedenza, sono le conseguenze delle azioni a giocare un ruolo di primaria importanza nello stabilire ciò che è moralmente buono e giusto. Poniamo un esempio molto semplice: immaginiamo di vivere in un paese dove vige un regime totalitario e che sia in corso la cattura e la deportazione di civili per il solo fatto di essere di una nazionalità diversa. Noi accogliamo in casa nostra delle persone che cercano di fuggire da tale persecuzione, quando delle guardie del regime bussano alla porta per chiederci se stiamo nascondendo qualcuno. Secondo le dottrine intuizioniste e deontologiche è moralmente sbagliato mentire ed è perciò sbagliata qualsiasi azione fondata su una menzogna. L'intuizionismo ce lo ricorda attraverso un elemento di moralità primordiale presente nella nostra anima, mentre il deontologismo ci obbliga ad agire come se la regola morale "non mentire" rappresenti un dovere, ovvero una legge da rispettare categoricamente (imperativo categorico di Kant). Se, però, la nostra bugia ha come conseguenza il salvataggio di persone innocenti dalla cattura e da una quasi certa condanna a morte, l'azione di mentire alle guardie è da considerarsi giusta o sbagliata? La risposta degli utilitaristi sarebbe di approvazione, in quanto il mentire alla polizia del regime e, conseguentemente, salvare le vite delle persone presenti in casa nostra, è un risultato ben più importante e benefico della menzogna assunta a movente dell'azione. La ricaduta, quindi, in termini di felicità collettiva risponde sia al principio di utilità (valutazione delle conseguenze di ogni possibile azione prima di scegliere ed esercitare quella più utile), sia al principio della felicità per il maggior numero (abbiamo salvato non solo le nostre vite, ma anche quelle degli altri) aumentando la quantità di piacere e riducendo la quantità di dolore. Inoltre, in questo caso, i principi dell'utilitarismo entrano in connessione con un principio di giustizia. In questo senso, Mill ritiene che la giustizia sia un insieme di qualità morali che occupano un livello elevato nella scala dell'utilità sociale e sono quindi di un'obbligazione prioritaria rispetto ad altre; anche se possono verificarsi casi particolari in cui qualche altro dovere sociale è così importante da prevalere su una delle massime generali della giustizia. Così, per salvare una vita, potrebbe non solo essere permesso, ma doveroso, rubare o prendere con la forza il cibo o la medicina necessari, o rapire e costringere a prestare servizio l'unico medico qualificato, oppure ancora, come nel nostro esempio precedente, mentire di fronte a delle autorità pubbliche. Nel rispondere alle critiche che in molti muovono all'utilitarismo, Mill specifica che i principi di utilità e di massima felicità non possono e non devono essere ridotti al piacere dell'agente, ma devono considerare necessariamente "la felicità degli altri". A chi, quindi, non comprende o finge di non comprendere che l'utilitarismo di cui parla Mill non è il cercare di conseguire il soddisfacimento del proprio benessere personale ed egoistico, né la semplice somma delle felicità individuali, il filosofo inglese spiega che l'utilitarismo è un manifesto di etica pubblica per il quale sono approvabili moralmente solo le azioni che producono felicità per la collettività e che hanno come fine la ricerca del bene comune. Per respingere le miopi accuse dei suoi detrattori, Mill, in un brillante passaggio del suo trattato, fa riferimento alla figura di Gesù di Nazareth come ispiratore del principio di utilità, spiazzando così anche chi legge con sospetto l'utilitarismo per via del suo volersi affermare come "un'etica senza Dio". Scrive. Infatti, Mill: *"nella regola d'oro di Gesù di Nazareth, leggiamo lo spirito completo dell'etica dell'utilità. Fare agli altri ciò che vorresti fosse fatto a te e amare il prossimo come te stesso costituiscono l'ideale perfezione della moralità utilitaristica. Come mezzi per avvicinarsi il più possibile a questo ideale, l'utilità prescriverebbe innanzitutto che leggi e disposizioni sociali dovrebbero porre la felicità, o (parlando praticamente) l'interesse, di ogni individuo, il più possibile in armonia con l'interesse generale; e in secondo luogo, che l'educazione e l'opinione, che hanno un potere così vasto sulla natura umana, dovrebbero utilizzare tale potere per stabilire nella mente di ogni individuo un'associazione indissolubile tra la propria felicità e il bene dell'intero; in particolare, tra la propria felicità e la pratica di quei modi di comportamento, negativi e positivi, che la considerazione per la felicità universale prescrive; affinché non solo egli non possa concepire la possibilità di felicità per sé, in modo coerente con un comportamento contrario al bene generale, ma anche affinché un impulso diretto a promuovere il bene generale sia in ogni individuo uno dei motivi abituali dell'azione, e i sentimenti ad esso collegati possano occupare un posto ampio e prominente nell'esistenza sensitiva di ogni essere umano*". La felicità individuale, in definitiva, è un mezzo per contribuire alla felicità collettiva. L'utilitarismo non può, dunque, essere inteso e frainteso come un esercizio per soddisfare unicamente il piacere personale. La filosofia di Mill assume pertanto la caratteristica di essere induttiva, scuola per la quale i principi morali sono il risultato dell'osservazione e dell'esperienza. Si tratta di esperienze accumulate e associate. Il bene e il male, e in generale i principi morali, appaiono come qualcosa di primitivo e irriducibile, come qualcosa di assolutamente semplice che sfugge all'analisi. Ciò avviene perché gli elementi che li compongono, si sono come compenetrati e fusi in un tutto unico compatto e organico, che ha natura propria, ben diversa dalla loro. Ma come l'analisi chimica riesce a scomporre, negli elementi di cui risultano, le combinazioni chimiche, così l'analisi psicologica riesce a scomporre, nei loro elementi, le combinazioni psicologiche, mostrando, insieme, quanto meraviglioso sia il potere dell'associazione, che riesce, con materiale anche di poco valore, a formare prodotti nobilissimi; che riesce, cioè, a formare ciò che vi è di più alto nello spirito umano, con ciò che vi è di più basso e di meno degno. L'associazione è la legge a cui la scuola induttiva ricorre per spiegare in generale i fatti dello spirito e, quindi, anche i fatti morali. Però Mill non trova piena soddisfazione nemmeno in questa visione, in quanto si rende conto che nessuna scuola, intuizionista o induttiva, è riuscita a fissare i principi della scienza della morale né, ciò che più conta, subordinarli ad un unico primo principio o comune motivo di obbligazione. Eppure, ritiene Mill, è necessario che tale primo principio esista e venga definito, altrimenti si genera confusione, discordia, incertezza nelle credenze morali dell'umanità con conseguenze dannose per tutti. Di fronte ad una moltitudine di principi, infatti, la medesima condotta potrebbe essere giustificata per un verso e condannata per l'altro. L'individuazione di un principio generale, dunque, si impone come necessaria, e in modo che tale principio possa servire come un arbitro fra tutti. Tale principio non può che essere, per Mill, il principio di utilità. Un altro aspetto distintivo dell'utilitarismo di Mill è la sua attenzione all'importanza della libertà individuale. Mill sostiene che la felicità non può essere raggiunta attraverso la restrizione delle libertà personali e che la società deve permettere ai suoi membri di perseguire il proprio bene in modo libero e autonomo, purché non danneggino gli altri. Questo concetto è espresso nel principio del danno, che stabilisce che l'unica ragione per cui la società può interferire con le azioni di un individuo è per prevenire danni agli altri. Riassumendo, il principio di utilità dà vita alla scelta libera e autonoma delle azioni da compiere in base alla valutazione delle conseguenze che esse possono produrre all'interno della società e, se queste portano alla felicità per il maggior numero, sono degne di approvazione (principio della massima felicità). Il principio del danno, ovvero il non recare danno agli altri, è la regola per rendere giusta, oltre che valida moralmente, ogni azione libera e consapevole. Su questa impostazione il dibattito è tutt'oggi molto acceso. Lasciando da parte le obiezioni più banali riguardo alla natura egoistica ed edonistica del piacere e della felicità, a cui Mill risponde, come abbiamo visto, con la dimensione pubblica e sociale della sua dottrina (la "felicità degli altri") e che, in tal senso, i principi di utilità e della massima felicità si dimostrano da sé, non c'è dubbio che esiste la possibilità di trovarsi di fronte ad una scelta da compiere tra più opzioni e che, valutate le possibili conseguenze di ognuna, non si riesca a individuare un'azione utile e massimizzante della felicità collettiva che non produca anche delle conseguenze negative. Sui cosiddetti "dilemmi morali" sono stati spesi fiumi di inchiostro. Il più noto è quello del "carrello ferroviario": immaginiamo di essere in una situazione in cui un carrello ferroviario sta correndo fuori controllo lungo una ferrovia e ci sono cinque persone legate ai binari. Se non facciamo nulla, il carrello li investirà e moriranno. Tuttavia, c'è anche la possibilità di deviare, attraverso una leva, il carrello su un binario laterale dove c'è una sola persona legata. Che fare? Secondo pensatori più contemporanei come Elizabeth Anscombe (1919-2001) e Philippa Foot (1920-2010), autrice del problema del carrello, l'utilitarismo di Mill prediligerebbe la soluzione di azionare la leva per deviare il carrello. In questo modo morirà una sola persona anziché cinque. Il principio della massima utilità e felicità si trasformerebbe così nel "principio del male minore". La maggioranza delle persone a cui viene posto tale dilemma rispondono che interverrebbero per azionare la leva del deviatoio. Ma, in esse, è davvero il solo calcolo numerico sul risultato a determinare l'azionamento della leva, oppure intervengono altre valutazioni morali? Alcune varianti di questo esempio, che vari filosofi hanno studiato nel tempo, hanno dimostrato come il giudizio morale della maggioranza, su scenari apparentemente analoghi, cambi molto e con esso anche la decisione circa l'azione da intraprendere. Judith Jarvis Thomson (1919-2020), ad esempio, ha rielaborato il problema del carrello ferroviario fornendo nuove ipotesi riguardo alla valutazione morale dell'agire in relazione alle possibili conseguenze. Supponiamo di trovarci di fronte alla medesima scena precedente, osservandola però da un cavalcavia dal quale è affacciato un uomo piuttosto robusto. Il carrello sta per investire le cinque persone legate sul binario. Se spingessimo l'uomo robusto dal cavalcavia, egli cadrebbe tra il carrello e i binari. La sua vita verrebbe sacrificata per salvare gli altri cinque. Cosa fareste? Siamo sicuri che lo scenario sia paragonabile in tutto e per tutto al precedente? A giudicare dal fatto che la maggioranza delle persone risponderebbe di non voler spingere l'uomo dal cavalcavia, lasciando così morire gli altri cinque, ne deriva che qualcosa è evidentemente mutato in termini morali rispetto allo scenario precedente. In questo secondo caso, decidendo di non intervenire e quindi di non spingere l'uomo dal cavalcavia, abbiamo ragionato ugualmente in termini utilitaristici o in base a cosa altro? Infine, poniamo che in ospedale ci siano cinque persone in attesa di trapianto di organi. Nella sala d'attesa c'è un uomo in buona salute che sta solo attendendo i risultati di alcune analisi. Sacrifichereste l'uomo per donare i relativi organi ai cinque pazienti che, senza un trapianto, morirebbero in poco tempo? La maggioranza proverebbe disapprovazione solo all'idea di uccidere una persona a caso per salvarne altre cinque. Quindi? Si tratta anche qui di sacrificare una persona per salvarne cinque, proprio come nel primo esempio. Ma solo nel primo esempio una maggioranza di persone sarebbe disposta ad azionare la leva per deviare il carrello, permettendo così ai cinque di salvarsi e di avere una sola vittima. Negli altri due casi, più o meno la stessa maggioranza, deciderebbe di non intervenire, lasciando i cinque morire. Si tratta, in tutti e tre i casi, di un rapporto di cinque a uno. Eppure, il campione rappresentativo non agirebbe nello stesso modo. Per i detrattori dell'utilitarismo, questi esempi servono a dimostrare che il ragionare in termini di utilità e felicità per il maggior numero non può essere un principio valido universalmente, anzi il criterio dell'utilità potrebbe creare delle pericolose distorsioni nella società. Ma, tornando al ragionamento di Mill e al suo testo sull'utilitarismo, possiamo dedurre che egli avrebbe saputo rispondere anche a tali più recenti critiche. Il principio della felicità per il maggior numero non deve, infatti, essere valutato, come dicevamo, solo da un punto di vista numerico, ossia quantitativo, ma soprattutto in termini qualitativi. Non è sempre scontato, allora, che salvare cinque persone e sacrificarne una comporti conseguenze positive in termini di massimizzazione del piacere riduzione del dolore. La felicità che l'uomo deve essere in grado di produrre per se e per gli altri non può muoversi all'interno di una moralità indefinita e relativa. Salvare la vita a una persona equivale a non uccidere una persona. Si tratta di principi morali di *prima facie*, per i quali, qualora entrassero in conflitto, occorre trovare una soluzione adeguata. Occorre, cioè, salvare una vita senza toglierla a nessun altro. Quando questo diviene impossibile occorre ragionare sulla ricaduta qualitativa di una scelta in termini di felicità collettiva. Qui entrano in gioco le qualità razionali dell'essere umano che gli permettono di scegliere fra piaceri differenti a cui accennavamo prima. Il termine "piacere" non deve indurre a fraintendimenti. Il piacere di cui parla Mill è il sentimento di soddisfazione (felicità) per aver agito in modo corretto; è un piacere elevato che coinvolge l'intelletto e la ragione, superiore ai piaceri materiali. Riconoscere che alcuni tipi di piacere siano più desiderabili e apprezzabili di altri, spiega Mill, è del tutto compatibile con il principio di utilità. Sarebbe assurdo supporre che la valutazione dei piaceri dipenda solo dalla quantità, quando invece per valutare tutte le altre cose si prende in considerazione anche la qualità, oltre alla quantità. Se mi si chiede, continua Mill nel suo saggio, cosa intendo per differenza di qualità fra i piaceri, o che cosa renda un piacere più apprezzabile di un altro solo in quanto piacere, a prescindere, cioè, dalla sua maggior quantità, non c'è che una risposta possibile. Fra due piaceri, il più desiderabile è quello cui va decisamente la preferenza di tutti o quasi tutti coloro che abbiano esperienza di entrambi, a prescindere da qualsiasi sentimento di obbligazione morale a preferirlo. Se coloro che hanno una conoscenza qualificata di entrambi pongono uno dei due tanto al di sopra dell'altro, da preferirlo pur sapendo che a esso si accompagnerà una maggior dose di insoddisfazione, e non accetterebbero mai in cambio l'altro piacere quale che fosse la sua quantità, neanche tutta quella di cui la loro natura è capace, si è giustificati allora ad attribuire al godimento da essi prescelto una superiorità qualitativa, che va tanto al di là dell'aspetto quantitativo da renderlo, al paragone, di ben poco conto. Ora, è fuori discussione, conclude Mill, che, *"data una eguale conoscenza di due tipi di vita, e data una eguale capacità di apprezzarli e di goderne, diamo la nostra preferenza più marcata a quello dei due che impegna le nostre facoltà più elevate"*. Nelle scelte più difficili, quindi, l'uomo aziona tutte le sue migliori doti al fine di ricercare il risultato più utile e piacevole, il cui grado di felicità si misura non dalla quantità del piacere ricevuto, ma dalla qualità dell'azione introdotta. Altri critici dell'utilitarismo, però, obiettano che l'uomo non ha il tempo prima di agire di comparare gli effetti di una certa linea di condotta sulla felicità generale. Anche su questo punto la risposta di Mill è brillante. Egli afferma che dire di non avere il tempo per calcolare le possibili conseguenze prima di agire è come dire che è impossibile dirigere la nostra condotta secondo i principi del cristianesimo, perché non si ha il tempo, ad ogni occasione in cui si deve operare, di leggere da cima a fondo l'Antico e il Nuovo Testamento. E allora, soprattutto quando ci troviamo ad assumere una decisione in una frazione di secondo, come nell'esempio del carrello ferroviario, quale spazio abbiamo per ragionare e da cosa la nostra seguente decisione potrà essere confortata? Mill risponde che l'uomo ha un tempo lungo per calcolare gli effetti della sua azione prima di intraprenderla poiché questo tempo è formato da tutta la vita dell'uomo stesso, da tutta la durata della razza umana. Durante tutto questo tempo l'umanità ha imparato per esperienza quali sono i risultati delle azioni. È da questa esperienza che dipende la prudenza come la moralità della vita. Non si può, dunque, credere che gli uomini siano d'accordo nel considerare l'utilità come principio di moralità, e non si curino di sapere che cosa è utile, non si preoccupino di avere le loro idee sopra un argomento, che è insegnato ai giovani e rinforzato dalle leggi e dall'opinione. Non si può credere che un uomo, a cui viene la tentazione di impadronirsi della vita o dei beni di un altro uomo, si domandi per la prima volta se il suo omicidio o il suo furto sarà nocivo alla felicità generale. Tutto ciò, per Mill, è assurdo. Gli uomini, infatti, hanno già acquisito idee positive intorno alle conseguenze delle azioni sulla felicità, e tali idee formano credenze, regole di condotta per la moltitudine, formano come un codice di moralità, a cui ciascuno si attiene e deve attenersi nei casi singoli. Ovviamente i filosofi avrebbero da ridire su tale ragionamento obiettando che l'esperienza umana non è la perfezione, che l'umanità ha molto ancora da imparare intorno agli effetti delle azioni sulla felicità generale. I corollari del principio di utilità, infatti, ammettono, come ogni scienza pratica, dei perfezionamenti che crescono all'infinito col progresso dello spirito umano. Quindi, una cosa è considerare le regole morali come suscettibili di miglioramento, un'altra è passare sopra alle generalizzazioni intermedie e voler mettere ogni azione individuale direttamente alla prova dei primi principi. Potremmo così approvare moralmente che per salvare cinque persone, si provi a deviare il corso di un treno, col rischio concreto che esso investa una persona, se non ci sono alternative per evitare la morte di tutti, ma non potremmo approvare di commettere intenzionalmente un omicidio per salvare la vita ad altri, a meno che la vittima non sia direttamente coinvolta nello scenario che abbiamo dinanzi. Vale a dire che, se sapessimo con certezza che l'uomo robusto non è un estraneo ma è colui che ha legato le cinque persone sul binario e si appresta a osservare dal cavalcavia la scena del carrello che li travolge, potremmo provocatoriamente azzardare che la valutazione morale sul da farsi cambierebbe, con ogni probabilità, ancora una volta e in modo non univoco. La conoscenza delle persone coinvolte, del resto, è un elemento di valutazione morale. Mentre saremmo tutti d'accordo, anche non conoscendoli, che l'unico modo per salvare i cinque pazienti in ospedale è attendere la disponibilità di organi da parte di un donatore volontario ed eventualmente, nel frattempo, impegnarci a sostenere una campagna di informazione in favore della donazione di organi. Con esempi di questo tipo potremmo andare avanti molto a lungo e non sappiamo se sia possibile giungere ad una conclusione universalmente condivisa. In sostanza, potremmo affermare che l'utilitarismo non è quindi un criterio infallibile, ma che sicuramente offre un notevole contributo alla riflessione etica sul comportamento umano. La felicità come conseguenza dell'agire è un elemento che non può, pertanto, essere sottovalutato, così come non andrebbero sottovalutati il movente e le circostanze entro cui un soggetto si muove, in nome di quel ragionamento induttivo citato prima e a cui Mill si riferisce nel suo testo. Abbiamo visto come i critici dell'utilitarismo sollevano spesso obiezioni riguardanti la difficoltà di misurare il piacere e la felicità in modo obiettivo, oltre alle preoccupazioni sulla giustizia e i diritti individuali. Tuttavia, l'utilitarismo di Mill rimane una delle teorie etiche più influenti e dibattute, poiché fornisce un quadro chiaro per valutare la moralità delle azioni basate sulle loro conseguenze e sul benessere complessivo. La bontà della dottrina di Mill è evidente anche da alcuni aspetti della sua vita interiore. Egli ha ricevuto un'educazione molto tecnica e lontana dal sentimento. Mill non aveva dubbi che la moralità consistesse nel produrre la felicità per il maggior numero di persone e portò avanti con costanza e coerenza lo studio sull'utilitarismo, dandogli una forma più strutturata e aperta rispetto allo schematismo di Bentham; però egli stesso viveva momenti di sconforto che lo portarono a domandarsi quale dovesse essere il rapporto tra la felicità individuale e la felicità degli altri. Mill, ad un certo punto, vide spezzarsi l'associazione che aveva stabilito nel suo spirito tra la sua felicità e la felicità universale. Egli aveva cercato fino allora la sua felicità nella felicità degli altri: ebbene, questa sua felicità, che doveva fungere da mezzo per la felicità altrui, gli sfuggiva. Anche nell'ipotesi che il raggiungimento della felicità collettiva fosse stato compiuto non sentiva a sua volta di poterne trarre un giovamento in termini di felicità individuale. Mill non era felice perché aveva bisogno di cogliere e vivere l'aspetto più sentimentale del suo progetto e non limitarsi ad essere un disinteressato studioso che aveva individuato la ricetta per il benessere sociale ma che egli per primo non ne avvertiva la più emotiva soddisfazione. Nella sua autobiografia, Mill confida il suo momento di crisi dove tutto sembrava crollargli addosso. Ma egli, uomo di natura nobile e spiritualmente elevato, reagì aggiungendo quel fondamentale tassello alla sua teoria sulla felicità, proprio quell'elemento qualitativo accennato poc'anzi, ragion per cui la sua dottrina utilitarista viene rispettata anche dagli avversari, i quali riconoscono in essa una profondità ben diversa dal rigidismo che fu di suo padre e di Jeremy Bentham. Egli comprese che la felicità non è il fine ultimo a cui la vita umana tende o, meglio, il raggiungimento della felicità consiste nel prendere come fine della vita un fine estraneo alla felicità. Mill, perciò, pensava che il mezzo per ottenere la felicità fosse di non farne lo scopo diretto dell'esistenza. Egli diceva: "*Sono felici solamente quelli che hanno lo spirito rivolto verso qualche oggetto diverso dalla propria felicità; per esempio, verso la felicità altrui, verso il miglioramento della condizione dell'umanità, anche verso qualche atto, qualche ricerca, a cui mirino, non come a un mezzo, ma come a un fine ideale. Aspirando così ad altra cosa, essi trovano la felicità*". Mill fu anche politico e si impegnò notevolmente nella cultura dell'individuo nel suo benessere interiore; comprese, cioè, che le persone devono essere messe in condizioni di essere felici, e ciò non può avvenire senza la cultura della natura più profonda dell'essere umano. Si batté per la libertà, per la giustizia giusta, per i diritti delle donne, per l'abolizione dei reati di gusto e di opinione. La cultura dei sentimenti divenne uno dei punti cardinali della filosofia morale di Mill. Si innamorò di una donna con la quale condivise tutto, dal lavoro alle idee e da ella trasse forza e ispirazione per le sue battaglie politiche in nome dell'uguaglianza e del rispetto della dignità di qualsiasi cittadino. Il "sentimentalismo" di Mill non si può certo dire che non giocò un ruolo determinante nello sviluppo della teoria utilitaristica in chiave moderna, discostandosi dai suoi predecessori, e contribuendo notevolmente ad appianare le critiche e i fraintendimenti che, come abbiamo visto, si sono sviluppati intorno alla sua dottrina etica e che, ancora oggi, non smettono di alimentare il dibattito sul consequenzialismo. Ogni uomo, afferma Mill, possiede un certo orgoglio, un amore per la libertà e per l'indipendenza personale e un sentimento di dignità. Egli parla di una nobiltà ideale di volontà e di condotta, come di un fine per gli esseri umani, al quale deve cedere, in caso di conflitto, la ricerca della propria felicità e di quella degli altri, in quanto è compresa nella loro. Infine, parla di una elevatezza e nobiltà di carattere che contribuirebbe, più di ogni altra cosa, a rendere felice la vita umana; felice sia nel senso relativamente umile della parola, per il piacere e l'assenza di dolore, sia nel senso più elevato, per una vita che non sarebbe più ciò che è ora, quasi universalmente puerile e insignificante, ma "tale da essere desiderata e voluta da esseri umani le cui qualità siano sviluppate ad un livello superiore". L'utilitarismo, in conclusione, non può prescindere dalle qualità morali dell'agente sviluppatesi con l'esperienza, e proprio grazie al suo intelletto e alle sue migliori caratteristiche, egli sarà in grado di individuare l'azione buona e giusta da compiere perché è in grado di valutarne le possibili conseguenze in termini di piacere e di dolore, operando una selezione tra i piaceri e scegliendo ciò che può contribuire alla felicità di tutti. Mill ebbe il merito di aver rafforzato l'etica del bene comune, parlando apertamente di etica pubblica e compiti del governo al fine di distribuire benessere nella società. Il principio di utilità e della massima felicità è, quindi, soprattutto un compito politico a cui ogni governante dovrebbe ispirare la sua azione con la massima responsabilità in quanto egli è il primo artefice e garante della felicità degli altri.

John Stuart Mill
L'Utilitarismo

CAPITOLO I
OSSERVAZIONI GENERALI

Tra le circostanze che costituiscono la condizione attuale della conoscenza umana, ce ne sono poche più diverse da quanto ci si potrebbe aspettare, o più significative dello stato arretrato in cui la speculazione sui soggetti più importanti persiste ancora, rispetto al limitato progresso che è stato compiuto nella decisione della controversia riguardante il criterio del giusto e dell'ingiusto. Fin dai primi albori della filosofia, la questione riguardante il *summum bonum*, o, ciò che è la stessa cosa, il fondamento della moralità, è stata considerata il problema principale del pensiero speculativo, ha coinvolto le menti più dotate, le ha divise in sette e scuole, conducendo una vigorosa guerra l'una contro l'altra. E dopo oltre duemila anni, le stesse discussioni continuano, i filosofi sono ancora schierati sotto le stesse bandiere in lotta, e né gli intellettuali né l'umanità nel complesso sembrano più vicini all'unanimità sul tema di quanto lo fossero quando il giovane Socrate ascoltò il vecchio Protagora e sostenne (se il dialogo di Platone si basa su una conversazione reale) la teoria dell'utilitarismo contro la moralità popolare del cosiddetto sofista.

È vero che una confusione e incertezza simili, e in alcuni casi una discordia simile, esistono riguardo ai principi fondamentali di tutte le scienze, compresa quella che è considerata la più certa tra loro, la matematica; senza molto compromettere, anzi, in generale, senza compromettere affatto, l'affidabilità delle conclusioni di tali scienze. Un'apparente anomalia, la cui spiegazione è che le dottrine dettagliate di una scienza di solito non sono dedotte, né dipendono per la loro evidenza, da ciò che sono chiamati i suoi principi fondamentali. Se non fosse così, non ci sarebbe una scienza più precaria, o le cui conclusioni fossero più insufficientemente dimostrate, dell'algebra; che non trae alcuna certezza da ciò che comunemente viene insegnato agli studenti come i suoi elementi, poiché questi, come stabiliti da alcuni dei suoi insegnanti più eminenti, sono pieni di finzioni tanto quanto la legge inglese e di misteri quanto la teologia. Le verità che vengono infine accettate come i principi fondamentali di una scienza sono veramente gli ultimi risultati dell'analisi metafisica, praticata sulle nozioni elementari con cui la scienza è in contatto; e il loro rapporto con la scienza non è quello delle fondamenta a un edificio, ma delle radici a un albero, che possono svolgere la loro funzione altrettanto bene anche se non vengono mai scavate ed esposte alla luce. Ma se in ambito scientifico le verità particolari precedono la teoria generale, ci si potrebbe aspettare il contrario in un'arte pratica, come la morale o la legislazione. Ogni azione è compiuta per il raggiungimento di un fine, e le regole d'azione, sembra naturale supporre, devono trarre il loro carattere e colore interamente dal fine a cui sono subordinate. Quando ci impegniamo in una ricerca, una concezione chiara e precisa di ciò che stiamo perseguendo sembrerebbe essere la prima cosa di cui abbiamo bisogno, anziché l'ultima a cui dobbiamo guardare. Un criterio di giusto e sbagliato deve essere il mezzo, si penserebbe, per accertare ciò che è giusto o sbagliato, e non una conseguenza di averlo già accertato.

La difficoltà non viene evitata ricorrendo alla teoria popolare di una facoltà naturale, un senso o istinto, che ci informa del giusto e dello sbagliato. Perché, oltre al fatto che l'esistenza di un tale istinto morale è essa stessa oggetto di disputa, coloro che vi credono e che hanno pretese filosofiche sono stati costretti ad abbandonare l'idea che esso discerna ciò che è giusto o sbagliato nel caso specifico, come fanno i nostri altri sensi nel percepire la vista o il suono effettivamente presenti. La nostra facoltà morale, secondo tutti coloro che la interpretano e che hanno diritto al nome di pensatori, ci fornisce solo i principi generali dei giudizi morali; è un ramo della nostra ragione, non della nostra facoltà sensitiva; e va cercata per le dottrine astratte della moralità, non per la percezione di essa nel concreto. La scuola intuitiva, così come quella che potremmo definire induttiva, insiste sulla necessità di leggi generali. Entrambe concordano sul fatto che la moralità di un'azione individuale non è una questione di percezione diretta, ma dell'applicazione di una legge a un caso specifico. Riconoscono anche, in gran parte, le stesse leggi morali, ma differiscono per quanto riguarda la loro evidenza e la fonte da cui traggono la loro autorità. Secondo un'opinione, i principi della morale sono evidenti a priori, richiedendo solo la comprensione del significato dei termini per ottenere il consenso. Secondo l'altra dottrina, giusto e sbagliato, così come verità e falsità, sono questioni di osservazione ed esperienza. Ma entrambe sostengono con forza che la moralità deve essere dedotta da principi, e la scuola intuitiva afferma tanto quanto quella induttiva che esiste una scienza della moralità. Tuttavia, raramente cercano di elencare i principi à priori che devono servire come premesse della scienza; ancora più raramente fanno sforzi per ridurre quei vari principi a un principio primo, o a un terreno comune di obbligazione. O assumono i precetti ordinari della morale come di autorità a priori, oppure stabiliscono come fondamento comune di quei massimi una generalità molto meno evidentemente autoritaria rispetto ai massimi stessi e che non è mai riuscita a ottenere un consenso popolare. Eppure, per sostenere le loro pretese, dovrebbe esserci o qualche principio o legge fondamentale, alla base di tutta la moralità, oppure, se ce ne sono diversi, dovrebbe esserci un ordine determinato di precedenza tra di essi; e il principio unico o la regola per decidere tra i vari principi quando sono in conflitto dovrebbe essere autoevidente.

Indagare fino a che punto gli effetti negativi di questa carenza siano stati mitigati nella pratica, o in che misura le convinzioni morali dell'umanità siano state corrotte o rese incerte dall'assenza di un riconoscimento distinto di un parametro ultimo, implicherebbe un'analisi completa e una critica delle dottrine etiche passate e presenti. Sarebbe, comunque, facile dimostrare che qualsiasi stabilità o coerenza raggiunta da queste convinzioni morali è stata principalmente dovuta all'influenza tacita di un parametro non riconosciuto. Anche se la non esistenza di un primo principio riconosciuto ha reso l'etica non tanto una guida quanto una consacrazione dei sentimenti effettivi degli uomini, ancora, poiché i sentimenti degli uomini, sia di favore che di avversione, sono fortemente influenzati da ciò che ritengono essere gli effetti delle cose sulla loro felicità, il principio di utilità, o come Bentham lo chiamava ultimamente, il principio della massima felicità, ha avuto una grande parte nella formazione delle dottrine morali persino di coloro che rifiutano con disprezzo la sua autorità. E non c'è nessuna corrente di pensiero che rifiuti di ammettere che l'influenza delle azioni sulla felicità è una considerazione molto rilevante e persino predominante in molti dettagli della morale, sebbene esiti a riconoscerla come il principio fondamentale della moralità e la fonte dell'obbligo morale. Potrei spingermi molto oltre e dire che per tutti quegli moralisti a priori che ritengono necessario argomentare, gli argomenti utilitaristi sono indispensabili. Non è mia intenzione criticare questi pensatori in questo momento, ma non posso fare a meno di fare riferimento, a titolo esemplificativo, a un trattato sistematico di uno dei più illustri di essi, la *Metafisica dei Costumi* di Kant. Quest'uomo notevole, il cui sistema di pensiero rimarrà a lungo uno dei punti di riferimento nella storia della speculazione filosofica, stabilisce, nel trattato in questione, un primo principio universale come origine e fondamento dell'obbligo morale; è questo: 'Agisci in modo che la regola secondo cui agisci potrebbe essere adottata come legge da tutti gli esseri razionali'. Ma quando inizia a dedurre da questo precetto uno qualsiasi dei doveri effettivi della moralità, fallisce, quasi in modo grottesco, nel dimostrare che ci sarebbe una contraddizione, una impossibilità logica (per non dire fisica) nell'adozione da parte di tutti gli esseri razionali delle regole di condotta più oltraggiose moralmente. Tutto ciò che dimostra è che le conseguenze della loro adozione universale sarebbero tali da cui nessuno vorrebbe incorrere.

In questa occasione, cercherò, senza ulteriore discussione sulle altre teorie, di contribuire in qualche modo alla comprensione e all'apprezzamento della teoria Utilitaria o della Felicità, e verso una dimostrazione quanto essa sia suscettibile. È evidente che questa non può essere una dimostrazione nel senso ordinario e popolare del termine. Le questioni degli scopi finali non sono soggette a dimostrazione diretta. Quello che può essere dimostrato come buono deve esserlo mostrando di essere un mezzo per qualcosa che è riconosciuto come buono senza bisogno di dimostrazione. L'arte medica è dimostrata come buona perché contribuisce alla salute; ma come è possibile dimostrare che la salute è un bene? L'arte della musica è buona, tra le altre ragioni, perché produce piacere; ma quale dimostrazione è possibile fornire che il piacere è un bene? Se, quindi, si afferma che esiste una formula comprensiva che include tutte le cose che sono buone in sé, e che tutto il resto è buono non come fine, ma come mezzo, la formula può essere accettata o respinta, ma non è oggetto di ciò che comunemente si intende per dimostrazione. Non dobbiamo tuttavia inferire che la sua accettazione o rifiuto debba dipendere da impulsi ciechi o scelte arbitrarie. C'è un significato più ampio della parola "dimostrazione", in cui questa questione è soggetta ad essa tanto quanto qualsiasi altra delle questioni controversa della filosofia. Il soggetto è nell'ambito della cognizione della facoltà razionale, e questa facoltà non si occupa di esso solo attraverso l'intuizione. Considerazioni possono essere presentate capaci di determinare l'intelletto a dare o negare il suo assenso alla dottrina, e questo è equivalente a una dimostrazione.

Esamineremo presto di che natura sono queste considerazioni; in che modo si applicano al caso, e quali basi razionali, quindi, possono essere fornite per accettare o respingere la formula utilitarista. Ma è una condizione preliminare per l'accettazione o il rifiuto razionale che la formula debba essere compresa correttamente. Credo che l'idea molto imperfetta comunemente formata del suo significato sia il principale ostacolo che impedisce la sua accettazione; e che se potesse essere liberata, anche solo dalle mistificazioni più grossolane, la questione sarebbe notevolmente semplificata e una grande parte delle sue difficoltà risolte. Prima, quindi, di tentare di esaminare le basi filosofiche che possono essere fornite per acconsentire al parametro utilitarista, offrirò alcune illustrazioni della dottrina stessa; con l'intento di mostrare più chiaramente cosa sia, distinguerla da ciò che non è, e risolvere alcune delle obiezioni pratiche che originano da, o sono strettamente legate a, interpretazioni erronee del suo significato. Avendo così preparato il terreno, cercherò successivamente di gettare luce, per quanto possibile, sulla questione, considerata come una questione di teoria filosofica.

CAPITOLO II
CHE COS'È L'UTILITARISMO

Un breve commento è sufficiente per respingere l'ignorante errore di supporre che coloro che difendono l'utilità come criterio del giusto e dello sbagliato utilizzino il termine in quel senso ristretto e meramente colloquiale in cui l'utilità è contrapposta al piacere. Una scusa è dovuta agli avversari filosofici dell'utilitarismo, anche solo per l'apparenza momentanea di confonderli con chiunque sia capace di una simile mistificazione assurda; la quale è tanto più straordinaria, visto che l'accusa opposta, di riferire tutto al piacere, e anche nella sua forma più grossolana, è un'altra delle comuni critiche rivolte all'utilitarismo: e, come ha saggiamente osservato un autore competente, le stesse persone, spesso le stesse identiche persone, denunciano la teoria 'come impraticabile e arida quando la parola utilità precede la parola piacere, e come troppo praticabilmente voluttuosa quando la parola piacere precede la parola utilità.' Coloro che sanno qualcosa sull'argomento sono consapevoli che ogni autore, da Epicuro a Bentham, che ha sostenuto la teoria dell'utilità, intendeva per essa, non qualcosa da contrapporre al piacere, ma il piacere stesso, insieme all'assenza di dolore; e anziché opporre l'utile al piacevole o all'ornamentale, hanno sempre dichiarato che l'utile significa anche queste cose, tra le altre. Eppure, il volgo comune, inclusa la massa di scrittori, non solo nei giornali e nelle riviste, ma anche in libri di peso e pretesa, cade perpetuamente in questo superficiale errore. Avendo afferrato la parola 'utilitarista', senza sapere nulla di essa tranne il suono, la usano abitualmente per esprimere il rifiuto o la trascuratezza del piacere in alcune delle sue forme; della bellezza, dell'ornamento o del divertimento. E il termine viene così ignorantemente frainteso non solo in modo dispregiativo, ma occasionalmente anche in modo favorevole; come se implicasse una superiorità rispetto alla frivolezza e ai piaceri effimeri del momento. E questo uso distorto è l'unico in cui la parola è popolarmente conosciuta e quello da cui la nuova generazione sta acquisendo la sua unica nozione del suo significato. Coloro che hanno introdotto la parola, ma che l'avevano sospesa come denominazione distintiva per molti anni, possono ben sentirsi chiamati a riprenderla, se facendolo possono sperare di contribuire in qualche modo a salvarla da questa completa degradazione.

La dottrina che accetta come fondamento della morale l'Utilità, o il Principio della Massima Felicità, sostiene che le azioni sono giuste nella misura in cui tendono a promuovere la felicità, sbagliate nella misura in cui tendono a produrre il contrario della felicità. Per felicità si intende il piacere e l'assenza di dolore; per infelicità, il dolore e la privazione del piacere. Per fornire una visione chiara del parametro morale stabilito dalla teoria, molto altro deve essere detto; in particolare, quali cose siano incluse nelle idee di dolore e piacere e in che misura questa rimanga una questione aperta. Tuttavia, queste spiegazioni aggiuntive non influenzano la teoria di vita su cui si basa questa concezione della moralità, ovvero che il piacere e la libertà dal dolore sono le uniche cose desiderabili come scopi; e che tutte le cose desiderabili (che sono numerose tanto nell'utilitarismo quanto in qualsiasi altro schema) sono desiderabili sia per il piacere insito in esse, sia come mezzi per promuovere il piacere e prevenire il dolore.

Una tale teoria della vita suscita in molte menti, e tra esse in alcune delle più stimate per sensibilità e scopo, un'avversione inveterata. Supporre che la vita non abbia (come essi esprimono) scopi più elevati del piacere, nessun oggetto di desiderio e perseguimento migliore e più nobile, lo considerano come completamente meschino e volgare; come una dottrina degna solo di porci, ai quali i seguaci di Epicuro vennero, già in epoche molto antiche, sprezzantemente assimilati; e gli attuali sostenitori della dottrina sono talvolta oggetto di confronti altrettanto cortesi da parte dei suoi detrattori tedeschi, francesi e inglesi.

Quando così attaccati, gli Epicurei hanno sempre risposto che non sono loro, ma i loro accusatori, a rappresentare la natura umana in una luce degradante; poiché l'accusa presuppone che gli esseri umani siano capaci di nessun piacere tranne quelli di cui sono capaci i maiali. Se questa supposizione fosse vera, l'accusa non potrebbe essere confutata, ma cesserebbe di essere un'accusa; poiché se le fonti di piacere fossero esattamente le stesse per gli esseri umani e per i maiali, la regola di vita che è buona per l'uno sarebbe buona anche per l'altro. Il confronto tra la vita epicurea e quella degli animali è avvertito come degradante, proprio perché i piaceri degli animali non soddisfano le concezioni di felicità di un essere umano. Gli esseri umani hanno facoltà più elevate rispetto agli appetiti animali e, una volta resi consapevoli di esse, non considerano nulla come felicità che non includa la loro gratificazione. Non ritengo, in effetti, gli Epicurei essere stati affatto impeccabili nel trarre fuori il loro schema di conseguenze dal principio utilitaristico. Per farlo in modo sufficiente, molti elementi Stoici, così come Cristiani, devono essere inclusi. Ma non esiste una nota teoria epicurea della vita che non attribuisca ai piaceri dell'intelletto, dei sentimenti e dell'immaginazione, e dei sentimenti morali, un valore molto più elevato come piaceri rispetto a quelli della mera sensazione. Va ammesso, tuttavia, che gli scrittori utilitaristi in generale hanno collocato la superiorità dei piaceri mentali su quelli fisici principalmente nella maggiore permanenza, sicurezza, economicità, ecc., dei primi - cioè nei loro vantaggi circostanziali piuttosto che nella loro natura intrinseca. Su tutti questi punti, gli utilitaristi hanno pienamente dimostrato la loro tesi; ma avrebbero potuto assumere l'altro, e, si potrebbe dire, più elevato, terreno, con completa coerenza. È del tutto compatibile con il principio di utilità riconoscere il fatto che alcuni tipi di piacere siano più desiderabili e più preziosi di altri. Sarebbe assurdo che, mentre, nella valutazione di tutte le altre cose, si considera sia la qualità che la quantità, la valutazione dei piaceri dovesse essere supposta dipendere solo dalla quantità.

Se mi viene chiesto cosa intendo per differenza di qualità nei piaceri, o cosa rende un piacere più prezioso di un altro, meramente come piacere, eccetto la sua quantità maggiore, c'è una sola risposta possibile. Di due piaceri, se ce n'è uno al quale tutti o quasi tutti coloro che hanno esperienza di entrambi danno una preferenza decisa, indipendentemente da qualsiasi sentimento di obbligo morale di preferirlo, quel piacere è il più desiderabile. Se uno dei due è, da coloro che ne sono competentemente informati su entrambi, collocato così in alto rispetto all'altro che lo preferiscono, anche se sanno che è accompagnato da una maggiore quantità di insoddisfazione, e non lo rinuncerebbero per nessuna quantità dell'altro piacere di cui la loro natura è capace, siamo giustificati nell'attribuire al godimento preferito una superiorità in qualità, tale da superare la quantità al punto da renderla, in confronto, di poca importanza. Ora è un fatto indiscutibile che coloro che sono ugualmente informati su, e ugualmente capaci di apprezzare e godere di entrambi, danno una preferenza molto marcata al modo di esistenza che impiega le loro facoltà superiori. Pochi esseri umani acconsentirebbero a trasformarsi in uno degli animali inferiori, in cambio della promessa della piena concessione dei piaceri di una bestia; nessun essere umano intelligente acconsentirebbe a essere uno stolto, nessuna persona istruita sarebbe un ignorante, nessuna persona di sentimento e coscienza sarebbe egoista e vile, anche se dovessero essere persuasi che lo stolto, l'asino o il furfante sono più soddisfatti del loro destino di quanto lo siano loro. Non rinuncerebbero a ciò che possiedono in più rispetto a lui, per la più completa soddisfazione di tutti i desideri che hanno in comune con lui. Se mai immaginano di farlo, è solo in casi di infelicità così estrema che, per sfuggirvi, scambierebbero la loro sorte per quasi qualunque altra, per quanto indesiderabile agli occhi loro. Un essere di facoltà superiori richiede di più per essere felice, è probabilmente capace di sofferenze più acute e certamente accessibile ad esse in più punti, rispetto a uno di tipo inferiore; ma nonostante questi svantaggi, non può mai desiderare veramente di sprofondare in quello che sente essere un grado inferiore di esistenza. Possiamo dare qualsiasi spiegazione vogliamo a questa riluttanza; possiamo attribuirla all'orgoglio, un nome che viene dato indiscriminatamente ad alcuni dei sentimenti più e meno stimabili di cui l'umanità è capace: possiamo riferirla all'amore della libertà e dell'indipendenza personale, un richiamo al quale gli Stoici consideravano uno dei mezzi più efficaci per la sua assimilazione; all'amore del potere o all'amore dell'eccitazione, entrambi dei quali entrano davvero in gioco e vi contribuiscono: ma la sua denominazione più appropriata è un senso di dignità, che tutti gli esseri umani possiedono in una forma o nell'altra, e in alcuni, sebbene non in proporzione esatta, alle loro facoltà superiori, ed è una parte così essenziale della felicità di coloro in cui è forte, che nulla che vi si opponga potrebbe essere, se non momentaneamente, oggetto del loro desiderio. Chiunque supponga che questa preferenza avvenga a discapito della felicità - che l'essere superiore, in circostanze più o meno equivalenti, non sia più felice dell'inferiore - confonde le due idee molto diverse, di felicità e di contentezza. È indiscutibile che l'essere le cui capacità di gioia sono basse ha la maggior possibilità di vederle pienamente soddisfatte; e un essere altamente dotato sentirà sempre che qualsiasi felicità che possa cercare, come è costituito il mondo, è imperfetta. Ma può imparare a sopportare le sue imperfezioni, se sono sopportabili; e non gli faranno invidiare l'essere che è effettivamente inconsapevole delle imperfezioni, ma solo perché non percepisce affatto il bene che quelle imperfezioni qualificano. È meglio essere un essere umano insoddisfatto che un maiale soddisfatto;

meglio essere Socrate insoddisfatto che uno stolto soddisfatto. E se lo stolto, o il maiale, hanno un'opinione diversa, è perché conoscono solo il loro lato della questione. L'altra parte del confronto conosce entrambi i lati.

Potrebbe obiettarsi che molti che sono capaci dei piaceri superiori, occasionalmente, sotto l'influenza della tentazione, li rinunciano a favore di quelli inferiori. Ma ciò è del tutto compatibile con una piena comprensione della superiorità intrinseca dei piaceri superiori. Gli uomini spesso, per debolezza di carattere, scelgono il bene più vicino, anche se sanno che è meno prezioso; e ciò avviene tanto quando la scelta è tra due piaceri corporei, quanto quando è tra piaceri corporei e mentali. Perseguono le indulgenze sensuali a discapito della salute, benché siano perfettamente consapevoli che la salute è il bene maggiore. Potrebbe essere ulteriormente obiettato che molti che iniziano con entusiasmo giovanile per tutto ciò che è nobile, avanzando negli anni sprofondano nella pigrizia e nell'egoismo. Ma non credo che coloro che subiscono questo cambiamento molto comune scelgano volontariamente la descrizione inferiore di piaceri in preferenza a quelli superiori. Credo che prima di dedicarsi esclusivamente ai primi, siano già diventati incapaci dei secondi. La capacità per i sentimenti più nobili è nella maggior parte delle nature una pianta molto delicata, facilmente uccisa, non solo dalle influenze ostili, ma anche dalla semplice mancanza di sostentamento; e nella maggioranza dei giovani essa si spegne rapidamente se le occupazioni a cui la loro posizione nella vita li ha destinati e la società in cui li ha gettati non sono favorevoli a mantenere in esercizio quella capacità superiore. Gli uomini perdono le loro alte aspirazioni così come perdono i loro gusti intellettuali, perché non hanno tempo o opportunità per indulgere in esse; e si dedicano a piaceri inferiori, non perché li preferiscano deliberatamente, ma perché sono o gli unici a cui hanno accesso, o gli unici che sono ancora capaci di apprezzare. Può essere messo in dubbio che chiunque sia rimasto ugualmente suscettibile ad entrambe le categorie di piaceri, abbia mai preferito consapevolmente e tranquillamente quelli inferiori; anche se molti, in tutte le epoche, sono crollati in un tentativo inefficace di combinare entrambi.

Dal verdetto degli unici giudici competenti, temo che non possa esserci appello. Su una questione su quale sia il bene più degno di essere cercato tra due piaceri, o su quale dei due modi di esistenza sia più grato ai sentimenti, a parte i suoi attributi morali e le sue conseguenze, il giudizio di coloro che sono qualificati dalla conoscenza di entrambi, o, se differiscono, quello della maggioranza tra di loro, deve essere accettato come definitivo. E c'è meno esitazione nell'accettare questo giudizio riguardo alla qualità dei piaceri, poiché non c'è nessun altro tribunale a cui fare riferimento nemmeno sulla questione della quantità. Quali mezzi ci sono per determinare quale sia il dolore più acuto tra due, o la sensazione più intensa tra due piacevoli sensazioni, se non il suffragio generale di coloro che sono familiari con entrambi? Né dolori né piaceri sono omogenei, e il dolore è sempre eterogeneo al piacere. Cosa c'è per decidere se un particolare piacere vale l'acquisto al costo di un particolare dolore, se non i sentimenti e il giudizio degli esperti? Quando, quindi, quei sentimenti e quel giudizio dichiarano che i piaceri derivanti dalle facoltà superiori sono preferibili per natura, a parte la questione dell'intensità, a quelli di cui la natura animale, separata dalle facoltà superiori, è suscettibile, essi hanno diritto, su questo argomento, alla stessa considerazione.

Mi sono soffermato su questo punto, in quanto è una parte necessaria di una concezione perfettamente giusta di Utilità o Felicità, considerata come la regola direttiva della condotta umana. Ma non è affatto una condizione indispensabile per accettare il parametro utilitarista; poiché tale parametro non è la massima felicità dell'agente, ma la massima quantità di felicità complessiva; e se può essere messo in dubbio se un carattere nobile sia sempre più felice per la sua nobiltà, non c'è dubbio che rende più felici gli altri e che il mondo in generale ne guadagna immensamente. L'utilitarismo, quindi, potrebbe raggiungere il suo scopo solo attraverso la coltivazione generale della nobiltà di carattere, anche se ogni singolo individuo ne trarrebbe beneficio solo dalla nobiltà degli altri, e il suo stesso bene, per quanto riguarda la felicità, sarebbe una pura deduzione dal beneficio. Ma la mera enunciazione di un'assurdità come quest'ultima rende la confutazione superflua.

Secondo il Principio della Massima Felicità, come spiegato in precedenza, il fine ultimo, con riferimento e per il bene di cui tutte le altre cose sono desiderabili (sia che stiamo considerando il nostro bene o quello degli altri), è un'esistenza esente quanto più possibile dal dolore e il più possibile ricca di gioie, sia in termini di quantità che di qualità; il criterio di qualità, e la regola per misurarlo rispetto alla quantità, è la preferenza avvertita da coloro che, nelle loro opportunità di esperienza, alle quali devono essere aggiunti i loro modi di autoconsapevolezza e auto osservazione, sono meglio forniti dei mezzi di confronto. Questo, essendo, secondo l'opinione utilitarista, il fine dell'azione umana, è necessariamente anche il criterio della moralità; che può essere pertanto definita come le regole e i precetti per la condotta umana, mediante l'osservanza dei quali un'esistenza come quella descritta potrebbe essere, nella massima misura possibile, garantita a tutta l'umanità; e non solo a loro, ma, per quanto la natura delle cose lo permetta, all'intera creazione senziente.

Contro questa dottrina, tuttavia, sorgono un'altra classe di oppositori che sostengono che la felicità, in qualsiasi forma, non può essere il fine razionale della vita umana e dell'azione; perché, innanzitutto, è inattuabile: e con disprezzo domandano, quale diritto hai di essere felice? una domanda che il signor Carlyle suggella aggiungendo, Qual diritto, poco tempo fa, avevi persino di essere? Inoltre, affermano che gli uomini possono fare a meno della felicità; che tutti gli esseri umani nobili lo hanno capito, e non avrebbero potuto diventare nobili se non imparando la lezione di *Entsagen*, o rinuncia; lezione, completamente appresa e sottomessa, che essi affermano essere l'inizio e la condizione necessaria di ogni virtù.

La prima di queste obiezioni andrebbe alla radice della questione se fosse ben fondata; infatti, se gli esseri umani non potessero affatto godere di felicità, il conseguimento di essa non potrebbe essere il fine della moralità o di qualsiasi condotta razionale. Anche in questo caso, tuttavia, qualcosa potrebbe ancora essere sostenuto per la teoria utilitarista: poiché l'utilità comprende non solo la ricerca della felicità, ma anche la prevenzione o mitigazione della infelicità; e se il primo scopo fosse chimerico, ci sarebbe tanto maggiore spazio e un bisogno più imperativo per il secondo, almeno finché gli esseri umani ritengano opportuno vivere e non si rifugino nell'atto simultaneo di suicidio raccomandato in determinate condizioni da Novalis. Tuttavia, quando si afferma in modo positivo che è impossibile che la vita umana sia felice, l'asserzione, se non è qualcosa di simile a una sottigliezza verbale, è almeno un'esagerazione. Se per felicità si intende una continuità di eccitazione molto piacevole, è evidente che ciò è impossibile. Uno stato di piacere esaltato dura solo per brevi istanti, o in alcuni casi, con alcune interruzioni, ore o giorni, ed è la brillante occasione di godimento, non la sua fiamma permanente e costante. Di questo i filosofi che hanno insegnato che la felicità è il fine della vita erano altrettanto consapevoli di coloro che li deridono. La felicità che intendevano non era una vita di estasi; ma momenti di tale vita, in un'esistenza costituita da pochi e transitori dolori, molti e vari piaceri, con un predominio deciso dell'attivo sul passivo, e avendo come fondamento il non attendersi dalla vita più di quanto essa sia in grado di donare. Una vita così composta, per coloro che hanno avuto la fortuna di ottenerla, è sempre sembrata degna del nome di felicità. E un'esistenza del genere è ancora oggi la sorte di molti, durante una considerevole parte della loro vita. L'attuale pessima educazione e le pessime disposizioni sociali sono l'unico vero ostacolo affinché sia raggiungibile da quasi tutti.

Gli oppositori potrebbero dubitare che gli esseri umani, se insegnati a considerare la felicità come fine della vita, sarebbero soddisfatti con una quota così moderata di essa. Ma moltissime persone si sono accontentate di molto meno. Gli elementi principali di una vita soddisfatta sembrano essere due, ciascuno dei quali di per sé è spesso sufficiente allo scopo: la tranquillità e l'eccitazione. Con molta tranquillità, molti trovano che possono accontentarsi di molto poco piacere: con molta eccitazione, molti possono riconciliarsi con una quantità considerevole di dolore. Non c'è certamente alcuna impossibilità intrinseca nel permettere anche alla massa degli esseri umani di unire entrambi; poiché i due sono così lontani dall'essere incompatibili che sono in alleanza naturale, la prolungazione di uno dei due è una preparazione per, ed eccita il desiderio per, l'altro. Solo coloro in cui l'indolenza si trasforma in un vizio non desiderano l'eccitazione dopo un periodo di riposo: solo coloro in cui il bisogno di eccitazione è una malattia, sentono la tranquillità che segue l'eccitazione noiosa e insipida, invece di piacevole in proporzione diretta all'eccitazione che l'ha preceduta. Quando le persone che sono abbastanza fortunate nella loro condizione esteriore non trovano nella vita un godimento sufficiente per renderla preziosa per loro, la causa in generale è che si preoccupano solo di se stesse. Per coloro che non hanno affetti pubblici né privati, gli stimoli della vita sono molto limitati e in ogni caso diminuiscono di valore all'avvicinarsi del momento in cui tutti gli interessi egoistici devono essere terminati dalla morte: mentre coloro che lasciano dietro di sé oggetti di affetto personale, e specialmente coloro che hanno anche coltivato una simpatia verso gli interessi collettivi dell'umanità, mantengono un interesse vivace nella vita alla vigilia della morte così come nella robustezza della giovinezza e della salute. Dopo l'egoismo, la principale causa che rende la vita insoddisfacente è la mancanza di coltivazione mentale. Una mente coltivata, non intendo quella di un filosofo, ma qualsiasi mente a cui siano stati aperti i flutti della conoscenza e che sia stata insegnata, in un qualsiasi grado tollerabile, ad esercitare le sue facoltà, trova fonti di interesse inesauribili in tutto ciò che la circonda: negli oggetti della natura, negli exploit dell'arte, nelle immagini della poesia, negli avvenimenti della storia, nelle vie dell'umanità, passata e presente, e nelle prospettive future. È possibile, infatti, diventare indifferenti a tutto ciò, e ciò anche senza avere esaurito una millesima parte di esso; ma solo quando sin dall'inizio non si ha alcun interesse morale o umano in queste cose, e le si è cercate solo per la soddisfazione della curiosità.

Ora, non c'è assolutamente alcuna ragione nella natura delle cose per cui un livello di cultura mentale sufficiente a suscitare un interesse intelligente in questi oggetti di contemplazione non dovrebbe essere l'eredità di ognuno nato in un paese civilizzato. Altrettanto poco c'è una necessità intrinseca che qualsiasi essere umano debba essere un egoista, privo di ogni sentimento o preoccupazione al di fuori di quelli che si concentrano nella sua miserabile individualità.

Qualcosa di molto superiore a questo è già sufficientemente comune anche ora, per dare un ampio pegno di ciò che la specie umana potrebbe diventare. Affetti privati genuini e un sincero interesse per il bene pubblico sono possibili, sebbene in gradi disuguali, per ogni essere umano giustamente educato. In un mondo in cui c'è così tanto da interessarsi, così tanto da godere e così tanto anche da correggere e migliorare, chiunque abbia questa moderata quantità di requisiti morali e intellettuali è capace di un'esistenza che può essere chiamata invidiabile; e a meno che una persona del genere, a causa di leggi ingiuste o di sottomissione alla volontà degli altri, le sia negata la libertà di utilizzare le fonti di felicità a sua disposizione, non mancherà di trovare questa esistenza invidiabile, se evita i mali positivi della vita, le grandi fonti di sofferenza fisica e mentale - come la povertà, la malattia e la cattiveria, l'inutilità o la perdita prematura di oggetti d'affetto. La tensione principale del problema risiede, quindi, nella lotta con queste calamità, da cui è raro una buona fortuna completamente sfuggire; che, come stanno le cose ora, non possono essere evitate e spesso non possono essere in alcun modo mitigate in modo sostanziale. Eppure, nessuno il cui parere meriti un momento di considerazione può dubitare che la maggior parte dei grandi mali positivi del mondo siano in sé rimovibili e saranno, se gli affari umani continuano a migliorare, alla fine ridotti entro limiti stretti. La povertà, in ogni senso che implichi sofferenza, può essere completamente estinta dalla saggezza della società, combinata con il buon senso e la provvidenza degli individui. Anche quella malattia più intrattabile può essere indefinitamente ridotta nelle dimensioni da una buona educazione fisica e morale e dal giusto controllo delle influenze nocive; mentre il progresso della scienza offre la promessa per il futuro di conquiste ancora più dirette su questo detestabile nemico. E ogni passo in quella direzione ci libera da alcune, non solo delle possibilità che accorciano le nostre vite, ma, cosa che ci riguarda ancora di più, che ci privano di coloro nei quali è avvolta la nostra felicità. Per quanto riguarda le vicissitudini della fortuna e altre delusioni legate alle circostanze mondane, queste sono principalmente l'effetto di imprudenze grossolane, di desideri mal regolati o di istituzioni sociali cattive o imperfette. Tutte le grandi fonti, in breve, della sofferenza umana sono in gran parte, molte di esse quasi interamente, conquistabili con cura ed impegno umani; e sebbene la loro rimozione sia dolorosamente lenta - anche se una lunga successione di generazioni perirà nell'impresa prima che la conquista sia completata, e questo mondo diventa tutto ciò che, se la volontà e la conoscenza non mancassero, potrebbe facilmente essere fatto - tuttavia ogni mente sufficientemente intelligente e generosa da sostenere una parte, per quanto piccola e poco appariscente, nello sforzo, trarrà un nobile godimento dalla stessa lotta, che non accetterebbe per nessun premio sotto forma di indulgenza egoistica di essere senza.

E questo porta alla vera valutazione di quanto affermato dagli oppositori riguardo alla possibilità e all'obbligo di imparare a fare a meno della felicità. Indubbiamente è possibile fare a meno della felicità; lo fanno involontariamente diciannove ventesimi dell'umanità, anche nelle parti del nostro mondo attuale meno profonde nella barbarie; e spesso deve essere fatto volontariamente dall'eroe o dal martire, per qualcosa che egli apprezza più della sua felicità individuale. Ma questa cosa, cos'è, se non la felicità degli altri o alcuni dei requisiti della felicità? È nobile essere capaci di rinunciare interamente alla propria porzione di felicità o alle possibilità di essa: ma, in fondo, questo sacrificio di sé deve essere per qualche fine; non è il suo fine; e se ci viene detto che il suo fine non è la felicità, ma la virtù, che è migliore della felicità, chiedo, sarebbe fatto il sacrificio se l'eroe o il martire non credesse che avrebbe garantito per gli altri l'immunità da sacrifici simili? Sarebbe fatto se pensasse che la sua rinuncia alla felicità per se stesso non produrrebbe frutti per nessuno dei suoi simili, ma solo per rendere la loro sorte simile alla sua, e porli anche nella condizione di persone che hanno rinunciato alla felicità? Onore a coloro che possono rinunciare al godimento personale della vita quando, con tale rinuncia, contribuiscono in modo degno ad aumentare la quantità di felicità nel mondo; ma chi lo fa, o afferma di farlo, per qualsiasi altro scopo, non è degno di ammirazione più di un asceta montato sulla sua colonna. Può essere una prova stimolante di ciò che gli uomini possono fare, ma certamente non un esempio di ciò che dovrebbero fare.

Sebbene sia solo in uno stato molto imperfetto delle disposizioni del mondo che qualcuno possa meglio servire la felicità degli altri con il sacrificio assoluto della propria, finché il mondo si trova in tale stato imperfetto, riconosco pienamente che la prontezza a compiere un tale sacrificio è la virtù più elevata che si possa trovare nell'uomo. Aggiungerò che in questa condizione del mondo, per quanto paradossale possa sembrare l'affermazione, la consapevole capacità di fare a meno della felicità offre la migliore prospettiva di realizzare una felicità quanto più possibile raggiungibile. Infatti, nulla tranne quella consapevolezza può elevare una persona al di sopra degli eventi della vita, facendola sentire che, qualunque cosa facciano destino e fortuna, non hanno il potere di soggiogarlo: una volta sentito ciò, lo libera dall'eccessiva ansia riguardo ai mali della vita e gli consente, come molti Stoici nell'epoca peggiore dell'Impero Romano, di coltivare in tranquillità le fonti di soddisfazione a lui accessibili, senza preoccuparsi della loro incertezza di durata, tanto quanto della loro fine inevitabile.

Nel frattempo, i sostenitori dell'utilitarismo non smetteranno mai di rivendicare la moralità dell'abnegazione come un possesso che appartiene loro con altrettanto diritto, sia che si tratti dello Stoico sia che si tratti del Trascendentalista. La moralità utilitaristica riconosce negli esseri umani il potere di sacrificare il proprio massimo bene per il bene degli altri. Si rifiuta solo di ammettere che il sacrificio sia di per sé un bene. Un sacrificio che non aumenta, o tende ad aumentare, la somma totale di felicità è considerato come sprecato. L'unica auto-rinuncia che applaude è la dedizione alla felicità, o ad alcuni dei mezzi di felicità, degli altri; sia dell'umanità nel suo insieme, sia di individui entro i limiti imposti dagli interessi collettivi dell'umanità. Devo ripetere ancora una volta, cosa che gli avversari dell'utilitarismo raramente hanno la giustizia di riconoscere, che la felicità che costituisce il parametro utilitaristico di ciò che è giusto nel comportamento, non è la felicità dell'agente, ma quella di tutti i coinvolti. Tra la propria felicità e quella degli altri, l'utilitarismo gli richiede di essere tanto imparziale quanto uno spettatore disinteressato e benevolo. Nella regola d'oro di Gesù di Nazareth, leggiamo lo spirito completo dell'etica dell'utilità. Fare agli altri ciò che vorresti fosse fatto a te e amare il prossimo come te stesso costituiscono l'ideale perfezione della moralità utilitaristica. Come mezzi per avvicinarsi il più possibile a questo ideale, l'utilità prescriverebbe innanzitutto che leggi e disposizioni sociali dovrebbero porre la felicità, o (parlando praticamente) l'interesse, di ogni individuo, il più possibile in armonia con l'interesse generale; e in secondo luogo, che l'educazione e l'opinione, che hanno un potere così vasto sulla natura umana, dovrebbero utilizzare tale potere per stabilire nella mente di ogni individuo un'associazione indissolubile tra la propria felicità e il bene dell'intero; in particolare, tra la propria felicità e la pratica di quei modi di comportamento, negativi e positivi, che la considerazione per la felicità universale prescrive; affinché non solo egli non possa concepire la possibilità di felicità per sé, in modo coerente con un comportamento contrario al bene generale, ma anche affinché un impulso diretto a promuovere il bene generale sia in ogni individuo uno dei motivi abituali dell'azione, e i sentimenti ad esso collegati possano occupare un posto ampio e prominente nell'esistenza sensitiva di ogni essere umano. Se gli oppositori della moralità utilitaristica la rappresentassero nella propria mente in questo suo vero carattere, non so quale raccomandazione posseduta da qualsiasi altra moralità potrebbero affermare possa mancarle; quali sviluppi più belli o più elevati della natura umana possano essere supposti che tali sistemi etici favoriscano, o su quali leve di azione, non accessibili all'utilitarismo, tali sistemi si basino per dare effetto ai loro comandi.

Gli oppositori dell'utilitarismo non possono sempre essere accusati di rappresentarlo in una luce disonorevole. Al contrario, coloro tra loro che hanno qualcosa come un'idea giusta del suo carattere disinteressato, a volte trovano difetto nel suo parametro come troppo elevato per l'umanità. Dicono che è eccessivo richiedere che le persone agiscano sempre con l'incoraggiamento di promuovere gli interessi generali della società. Ma questo è confondere il significato stesso di un parametro di moralità e confondere la regola d'azione con il motivo ad essa sottostante. È compito dell'etica dirci quali sono i nostri doveri o con quale criterio possiamo conoscerli; ma nessun sistema di etica richiede che il solo motivo di tutto ciò che facciamo sia un sentimento di dovere; al contrario, novantanove centesimi di tutte le nostre azioni sono compiute per altri motivi, e giustamente fatte così, se la regola del dovere non le condanna. È ancor più ingiusto nei confronti dell'utilitarismo che questa particolare interpretazione errata venga fatta un motivo di obiezione ad esso, dal momento che i moralisti utilitaristi sono andati oltre quasi tutti gli altri nel sostenere che il motivo non ha nulla a che fare con la moralità dell'azione, anche se molto con il valore dell'agente. Colui che salva un essere umano dalla morte annega ciò che è moralmente giusto, sia che il suo motivo sia il dovere, o la speranza di essere pagato per il suo disturbo; colui che tradisce l'amico che confida in lui è colpevole di un crimine, anche se il suo obiettivo è servire un altro amico a cui è legato da obblighi più grandi. Ma parlando solo di azioni compiute dal motivo del dovere e in obbedienza diretta al principio: è un malinteso del modo di pensare utilitarista concepirlo come implicante che le persone debbano concentrare le loro menti su una generalità così ampia come il mondo o la società nel suo complesso. La grande maggioranza delle azioni buone è destinata non per il bene del mondo, ma per quello degli individui, di cui è composto il bene del mondo; e i pensieri dell'uomo più virtuoso non devono in queste occasioni viaggiare oltre le persone particolari coinvolte, tranne che per assicurarsi che, beneficiandole, non stia violando i diritti, cioè le aspettative legittime e autorizzate, di qualcun altro. La moltiplicazione della felicità è, secondo l'etica utilitaristica, l'oggetto della virtù: le occasioni in cui qualsiasi persona (eccetto una su mille) ha il potere di farlo su vasta scala, in altre parole, di essere un benefattore pubblico, sono solo eccezionali; e solo in queste occasioni è chiamato a considerare l'utilità pubblica; in ogni altro caso, l'utilità privata, l'interesse o la felicità di poche persone, è tutto ciò a cui deve prestare attenzione. Solo coloro il cui influsso delle azioni si estende alla società in generale, devono preoccuparsi abitualmente di un oggetto così ampio. Nel caso delle astinenze, di cose da evitare per considerazioni morali, anche se le conseguenze nel caso particolare potrebbero essere benefiche, sarebbe indegno di un agente intelligente non essere consapevole che l'azione è di una classe che, se praticata in generale, sarebbe generalmente dannosa, e che questa è la base dell'obbligo di astenersi. La quantità di considerazione per l'interesse pubblico implicita in questo riconoscimento, non è maggiore di quanto richiesto da ogni sistema di morale, poiché tutti ordinano di astenersi da ciò che è manifestamente pernicioso per la società.

Le stesse considerazioni smentiscono un'altra accusa contro la dottrina dell'utilità, fondata su un malinteso ancora più grossolano riguardo allo scopo di un parametro di moralità e al significato stesso delle parole giusto e sbagliato. Spesso si afferma che l'utilitarismo rende gli uomini freddi e privi di compassione; che raffredda i loro sentimenti morali verso gli individui; che li fa considerare solo la considerazione secca e dura delle conseguenze delle azioni, senza tener conto nella loro valutazione morale delle qualità da cui scaturiscono quelle azioni. Se l'affermazione significa che non permettono al loro giudizio riguardo alla correttezza o scorrettezza di un'azione di essere influenzato dalla loro opinione sulle qualità della persona che la compie, questa è una lamentela non contro l'utilitarismo, ma contro l'avere un parametro di moralità in generale; perché certamente nessun parametro etico conosciuto stabilisce che un'azione sia buona o cattiva perché è compiuta da un uomo buono o cattivo, tanto meno perché fatta da un uomo amabile, coraggioso o benevolo, o il contrario. Queste considerazioni sono rilevanti, non per la valutazione delle azioni, ma delle persone; e non c'è nulla nella teoria utilitaristica incompatibile con il fatto che ci siano altre cose che ci interessano nelle persone oltre alla correttezza e scorrettezza delle loro azioni. Gli Stoici, infatti, con l'uso paradossale del linguaggio che faceva parte del loro sistema, e con il quale cercavano di elevarsi al di sopra di ogni preoccupazione tranne quella per la virtù, amavano dire che chi ha quella ha tutto; che lui, e solo lui, è ricco, è bello, è un re. Ma nessuna pretesa di questo tipo è avanzata per l'uomo virtuoso dalla dottrina utilitaristica. Gli utilitaristi sono ben consapevoli che ci sono altre possessioni e qualità desiderabili oltre alla virtù e sono perfettamente disposti a concedere a tutte loro il loro pieno valore. Sono anche consapevoli che un'azione corretta non indica necessariamente un carattere virtuoso e che le azioni biasimabili spesso derivano da qualità meritevoli di lode. Quando questo è evidente in un caso particolare, modifica la loro valutazione, non certamente dell'atto, ma dell'agente. Ammetto che sono, nonostante ciò, dell'opinione che nel lungo periodo la migliore prova di un buon carattere siano le buone azioni; e rifiutano risolutamente di considerare qualsiasi disposizione mentale come buona, la cui tendenza predominante è quella di produrre un cattivo comportamento. Ciò li rende impopolari per molte persone; ma è una impopolarità che devono condividere con chiunque consideri seriamente la distinzione tra giusto e sbagliato; e il rimprovero non è uno che un utilitarista coscienzioso debba essere ansioso di respingere.

Se l'obiezione intende semplicemente che molti utilitaristi considerano la moralità delle azioni, misurata secondo il parametro utilitaristico, con un riguardo troppo esclusivo e non attribuiscono sufficiente importanza alle altre bellezze del carattere che contribuiscono a rendere una persona amabile o ammirabile, ciò può essere ammesso. Gli utilitaristi che hanno coltivato i loro sentimenti morali, ma non le loro simpatie né le loro percezioni artistiche, cadono in questo errore; e così fanno tutti gli altri moralisti nelle stesse condizioni. Quello che può essere detto in giustificazione degli altri moralisti è altrettanto valido per loro, vale a dire che se deve esserci un errore, è meglio che sia da quella parte. In realtà, possiamo affermare che tra gli utilitaristi, come tra gli aderenti ad altri sistemi, c'è ogni grado immaginabile di rigidità e di lassità nell'applicazione del loro parametro: alcuni sono addirittura rigorosamente puritani, mentre altri sono indulgenti quanto possa desiderare un peccatore o un sentimentale. Ma in generale, una dottrina che mette in primo piano l'interesse che gli esseri umani hanno nella repressione e prevenzione di comportamenti che violano la legge morale è probabilmente inferiore a nessun'altra nel rivolgere le sanzioni dell'opinione contro tali violazioni. È vero, la domanda, Cos'è che viola la legge morale?

è una questione su cui coloro che riconoscono diversi parametri di moralità sono inclini a divergere di tanto in tanto. Ma la differenza di opinione sulle questioni morali non è stata introdotta nel mondo per la prima volta dall'utilitarismo, mentre questa dottrina fornisce, se non sempre un modo facile, almeno un modo tangibile e comprensibile di decidere tali differenze. Potrebbe non essere superfluo notare alcune delle comuni incomprensioni dell'etica utilitarista, anche quelle così ovvie e grossolane che potrebbero sembrare impossibili per qualsiasi persona di candore e intelligenza cadere in esse; poiché le persone, anche di notevoli doti mentali, spesso si prendono così poco disturbo per capire gli aspetti di un'opinione contro la quale nutrono un pregiudizio, e gli uomini in generale sono così poco consapevoli di questa ignoranza volontaria come di un difetto, che sono continuamente presenti i fraintendimenti più volgari delle dottrine etiche nelle scritture deliberatamente compiute da persone di massime pretese sia al principio elevato che alla filosofia. Spesso sentiamo la dottrina dell'utilità invisa come una dottrina senza Dio. Se è necessario dire qualcosa contro un'asserzione così semplicistica, possiamo dire che la questione dipende dall'idea che ci si è fatti del carattere morale della Divinità. Se si tratta di una convinzione vera che Dio desideri, sopra ogni cosa, la felicità delle sue creature, e che questo sia il suo scopo nella loro creazione, l'utilitarismo non è solo una dottrina con Dio, ma più profondamente religiosa di qualsiasi altra. Se si intende che l'utilitarismo non riconosce la volontà rivelata di Dio come la legge suprema della morale, rispondo che un utilitarista che crede nella perfetta bontà e saggezza di Dio crede necessariamente che tutto ciò che Dio ha ritenuto opportuno rivelare in materia di morale debba soddisfare i requisiti dell'utilità in grado supremo. Ma altri oltre agli utilitaristi sono stati dell'opinione che la rivelazione cristiana fosse destinata, e sia adatta, a informare i cuori e le menti dell'umanità con uno spirito che dovrebbe consentire loro di scoprire da soli ciò che è giusto e inclinarli a farlo quando lo trovano, piuttosto che dir loro, tranne in modo molto generale, che cosa sia; e che abbiamo bisogno di una dottrina di etica, attentamente sviluppata, per interpretarci la volontà di Dio. Che questa opinione sia corretta o meno, è superfluo discuterlo qui; poiché qualsiasi aiuto che la religione, sia naturale che rivelata, può offrire all'indagine etica, è accessibile al moralista utilitarista così come a qualsiasi altro. Egli può usarla come testimonianza di Dio sull'utilità o dannosità di un dato comportamento, con altrettanto diritto di chiunque altro può usarla per l'indicazione di una legge trascendentale, senza alcuna connessione con l'utilità o la felicità.

Ancora una volta, l'Utilità è spesso sommariamente stigmatizzata come una dottrina immorale dandole il nome di Opportunità e approfittando dell'uso popolare di tale termine per contrastarlo con il Principio. Ma l'Opportuno, nel senso in cui si oppone all'Etico, significa generalmente ciò che è opportuno per l'interesse particolare dell'agente stesso; come quando un Ministro sacrifica gli interessi del suo paese per mantenere se stesso in carica. Quando significa qualcosa di migliore di questo, indica ciò che è opportuno per qualche oggetto immediato, qualche scopo temporaneo, ma che viola una regola il cui rispetto è opportuno in grado molto superiore. L'Opportuno, in questo senso, invece di essere la stessa cosa dell'utile, è un ramo del dannoso. Quindi, sarebbe spesso opportuno, allo scopo di superare qualche imbarazzo momentaneo o raggiungere qualche oggetto immediatamente utile a noi stessi o agli altri, dire una bugia. Ma poiché la coltivazione in noi stessi di un sentimento sensibile sul tema della veracità è una delle cose più utili, e l'indebolimento di quel sentimento una delle cose più dannose a cui la nostra condotta può essere strumentale; e poiché qualsiasi deviazione, anche non intenzionale, dalla verità, fa tanto per indebolire la affidabilità dell'affermazione umana, che è non solo il principale sostegno di tutto il benessere sociale attuale, ma l'insufficienza della quale fa più di qualsiasi altra cosa possa essere nominata per frenare la civiltà, la virtù, tutto ciò di cui dipende la felicità umana su larga scala; sentiamo che la violazione, per un vantaggio immediato, di una regola di tale straordinaria opportunità, non è opportuna, e che chi, per il bene di una comodità per se stesso o per qualche altro individuo, fa ciò che dipende da lui per privare l'umanità del bene e infliggerle il male, implicati nella maggiore o minore fiducia che possono riporre nelle parole l'uno dell'altro, agisce da uno dei loro peggiori nemici. Eppure persino questa regola, sacra com'è, ammette possibili eccezioni, come riconosciuto da tutti i moralisti; la principale delle quali è quando la non divulgazione di qualche fatto (come informazioni da un malvivente o cattive notizie da una persona gravemente malata) salverebbe un individuo (specialmente un individuo diverso da se stesso) da un grande e immeritato male, e quando la non divulgazione può essere effettuata solo mediante la negazione. Ma affinché l'eccezione non si estenda oltre la necessità e abbia il minor effetto possibile nell'indebolire la fiducia nella veridicità, dovrebbe essere riconosciuta e, se possibile, i suoi limiti definiti; e se il principio di utilità vale qualcosa, deve essere utile per pesare queste utilità contrastanti l'una contro l'altra e delimitare la regione all'interno della quale una o l'altra prevale. Ancora una volta, i difensori dell'utilità si trovano spesso chiamati a rispondere a obiezioni come questa: che non c'è tempo, prima di agire, per calcolare e valutare gli effetti di qualsiasi linea di condotta sulla felicità generale. Questo è esattamente come se qualcuno affermasse che è impossibile guidare la nostra condotta attraverso il cristianesimo, perché non c'è tempo, ogni volta che si deve fare qualcosa, per leggere l'Antico e il Nuovo Testamento. La risposta all'obiezione è che c'è stato abbondante tempo, ovvero l'intera durata passata della specie umana. Durante tutto quel tempo, l'umanità ha imparato per esperienza le tendenze delle azioni; su questa esperienza si basa tutta la prudenza, così come tutta la moralità della vita. Le persone parlano come se l'inizio di questo corso di esperienza fosse stato rimandato finora e come se, nel momento in cui qualcuno si sente tentato di intromettersi con la proprietà o la vita di un altro, dovesse cominciare a considerare per la prima volta se omicidio e furto siano dannosi per la felicità umana. Anche in questo caso, non penso che troverebbe la questione molto ingarbugliata; ma, in ogni caso, la questione è ora risolta per lui. È davvero una stravagante supposizione che se l'umanità fosse concorde nel considerare l'utilità come il criterio della moralità, rimarrebbero senza alcun accordo su ciò che è utile e non prenderebbero alcuna misura per insegnare ai giovani le loro idee in proposito e farle rispettare attraverso leggi ed opinioni. Non c'è difficoltà nel dimostrare che qualsiasi parametro etico funzioni male, se supponiamo che sia congiunto a un'idiozia universale; ma su qualsiasi ipotesi che non sia quella, l'umanità deve ormai avere acquisito convinzioni positive sugli effetti di alcune azioni sulla loro felicità; e le convinzioni che sono giunte fino a noi sono le regole della moralità per la moltitudine e per il filosofo finché non ne ha trovate di migliori. Che i filosofi possano facilmente farlo, anche ora, su molti argomenti; che il codice etico ricevuto non sia affatto di diritto divino; e che l'umanità abbia ancora molto da imparare sugli effetti delle azioni sulla felicità generale, lo ammetto, o piuttosto, sostengo con fervore. Le conseguenze del principio di utilità, come i precetti di ogni arte pratica, ammettono miglioramenti indefiniti e, in uno stato progressivo della mente umana, il loro miglioramento è perpetuamente in corso. Ma considerare le regole della moralità come migliorabili è una cosa; trascurare del tutto le generalizzazioni intermedie e cercare di valutare direttamente ogni singola azione dal primo principio è un'altra cosa. È una strana idea che l'ammissione di un primo principio sia inconsistente con l'accettazione di principi secondari. Informare un viaggiatore sulla posizione della sua destinazione ultima non significa vietare l'uso di punti di riferimento e indicatori lungo la strada. La proposizione che la felicità è la fine e lo scopo della moralità non significa che non debba essere tracciata nessuna strada per raggiungere quella meta, o che alle persone che vi si recano non debba essere consigliato di prendere una direzione piuttosto che un'altra. Gli uomini dovrebbero davvero smettere di parlare di una specie di assurdità su questo argomento, che non parlerebbero né ascolterebbero su altre questioni di interesse pratico. Nessuno argomenta che l'arte della navigazione non è fondata sull'astronomia, perché i marinai non possono aspettare di calcolare l'Almanacco Nautico. Essendo creature razionali, vanno per mare con esso già calcolato; e tutte le creature razionali escono sul mare della vita con le loro opinioni sui comuni quesiti di giusto e sbagliato, così come su molti dei quesiti molto più difficili di saggezza e stoltezza, già ben definite. E questo, finché la preveggenza è una qualità umana, si presume che continueranno a farlo. Qualunque cosa adottiamo come principio fondamentale della moralità, abbiamo bisogno di principi subordinati per applicarlo; l'impossibilità di farne a meno, comune a tutti i sistemi, non può costituire un argomento contro uno in particolare; ma argomentare seriamente come se tali principi secondari non potessero essere ottenuti e come se l'umanità fosse rimasta finora e dovesse rimanere per sempre senza trarre alcuna conclusione generale dall'esperienza della vita umana è un livello, penso, quanto l'assurdità abbia mai raggiunto nella controversia filosofica.

Il resto degli argomenti comuni contro l'utilitarismo consiste principalmente nel rimproverargli le comuni debolezze della natura umana e le difficoltà generali che imbarazzano le persone coscienziose nel plasmare il proprio percorso attraverso la vita. Ci viene detto che un utilitarista sarà incline a fare del proprio caso un'eccezione alle regole morali e, quando sotto tentazione, vedrà un'utilità nella violazione di una regola maggiore di quella che vedrà nella sua osservanza. Ma è l'utilità l'unico credo in grado di fornirci scuse per il comportamento malvagio e mezzi per ingannare la nostra stessa coscienza? Sono abbondantemente fornite da tutte le dottrine che riconoscono come un fatto morale l'esistenza di considerazioni in conflitto; tutte le dottrine lo fanno, che sono state credute da persone mentalmente sane. Non è colpa di nessun credo, ma della natura complicata degli affari umani, se le regole di condotta non possono essere formulate in modo da non richiedere eccezioni e se difficilmente qualsiasi tipo di azione può essere considerato in modo sicuro come sempre obbligatorio o sempre condannabile. Non esiste un credo etico che non temperi la rigidità delle sue leggi, concedendo una certa latitudine, sotto la responsabilità morale dell'agente, per l'adattamento alle peculiarità delle circostanze; e sotto ogni credo, all'apertura così fatta, si insinua l'autoinganno e una casuistica disonesta. Non esiste alcun sistema morale in cui non sorgano casi inequivocabili di obbligazioni in conflitto. Questi sono i veri problemi, i punti intricati sia nella teoria dell'etica che nella guida coscienziosa della condotta personale. Vengono superati praticamente con maggiore o minore successo a seconda dell'intelletto e della virtù dell'individuo; ma difficilmente si può pretendere che qualcuno sarà meno qualificato per affrontarli, possedendo un parametro ultimo a cui possono essere riferiti diritti e doveri in conflitto. Se l'utilità è la fonte ultima degli obblighi morali, l'utilità può essere invocata per decidere tra di essi quando le loro richieste sono incompatibili. Sebbene l'applicazione del parametro possa essere difficile, è meglio di nessuno affatto: mentre in altri sistemi, le leggi morali che reclamano tutte autorità indipendente, non c'è alcun arbitro comune autorizzato a intervenire tra di esse; le loro pretese di precedenza l'una sull'altra si basano su poco più che sofismi e, a meno che non siano determinate, come spesso accade, dall'influenza non riconosciuta di considerazioni di utilità, offrono uno spazio libero per l'azione di desideri personali e parzialità. Dobbiamo ricordare che solo in questi casi di conflitto tra principi secondari è necessario appellarsi ai primi principi. Non c'è caso di obbligo morale in cui non sia coinvolto qualche principio secondario; e se solo uno, raramente può esserci un dubbio reale su quale sia, nella mente di chiunque riconosca il principio stesso.

CAPITOLO III
LA SANZIONE ULTIMA
DEL PRINCIPIO DI UTILITÀ

La domanda viene spesso posta, e giustamente, riguardo a ogni presunto parametro morale: Qual è la sua sanzione? Quali sono i motivi per obbedirlo? O più specificamente, qual è la fonte della sua obbligazione? Da dove deriva la sua forza vincolante? È una parte necessaria della filosofia morale fornire una risposta a questa domanda; che, sebbene assuma spesso la forma di un'obiezione alla moralità utilitarista, come se avesse un'applicabilità speciale rispetto ad altre, sorge realmente riguardo a tutti i parametri. Sorge, infatti, ogni volta che a una persona viene chiesto di adottare un parametro o di riferire la moralità a una base su cui non è abituata a poggiarla. Per la moralità consueta, quella che l'educazione e l'opinione hanno consacrato, è l'unica che si presenta alla mente con il sentimento di essere di per sé obbligatoria; e quando si chiede a una persona di credere che questa moralità derivi la sua obbligazione da qualche principio generale intorno al quale la consuetudine non ha gettato lo stesso alone, l'affermazione è per lui un paradosso; le supposte conseguenze sembrano avere una forza vincolante maggiore rispetto al teorema originale; la sovrastruttura sembra reggersi meglio senza, che con, quello che è rappresentato come la sua fondazione. Si dice a se stesso: sento di essere vincolato a non rubare o uccidere, tradire o ingannare; ma perché dovrei essere obbligato a promuovere la felicità generale? Se la mia felicità sta in qualcos'altro, perché non posso dare a quello la preferenza?

Se la visione adottata dalla filosofia utilitarista sulla natura del senso morale è corretta, questa difficoltà si presenterà sempre, finché le influenze che formano il carattere morale non avranno preso lo stesso controllo sul principio che hanno preso su alcune delle conseguenze, finché, attraverso il miglioramento dell'istruzione, il sentimento di unità con i nostri simili sarà (come non si può negare che Cristo intendesse) profondamente radicato nel nostro carattere e, alla nostra coscienza, completamente parte della nostra natura, così come l'orrore per il crimine è in un giovane educato in modo ordinario. Nel frattempo, tuttavia, la difficoltà non ha un'applicazione peculiare alla dottrina dell'utilità, ma è intrinseca ad ogni tentativo di analizzare la moralità e ridurla a principi; i quali, a meno che il principio non sia già investito nella mente degli uomini con altrettanta sacralità quanto qualsiasi delle sue applicazioni, sembrano sempre privarli di parte della loro santità.

Il principio dell'utilità ha, o non c'è motivo per cui non potrebbe avere, tutte le sanzioni che appartengono a qualsiasi altro sistema di morale. Queste sanzioni sono esterne o interne. Non è necessario parlare a lungo delle sanzioni esterne.

Esse sono la speranza di favori e il timore del dispiacere da parte dei nostri simili o del Sovrano dell'Universo, insieme a tutto ciò che possiamo avere di simpatia o affetto per loro, o di amore e timore nei confronti di Lui, che ci spingono a fare la sua volontà indipendentemente dalle conseguenze egoistiche. Evidentemente, non c'è motivo per cui tutti questi motivi di osservanza non possano legarsi alla moralità utilitarista, in modo completo e potente come a qualsiasi altra. Infatti, quelli di essi che si riferiscono ai nostri simili sono certi di farlo, in proporzione alla quantità di intelligenza generale; poiché che ci sia o meno un altro fondamento dell'obbligo morale oltre alla felicità generale, gli uomini desiderano la felicità; e per quanto possa essere imperfetta la loro pratica, desiderano e lodano ogni comportamento negli altri verso di loro, che credono favorisca la loro felicità. Per quanto riguarda il motivo religioso, se gli uomini credono, come la maggior parte professano di fare, nella bontà di Dio, coloro che pensano che la conducibilità alla felicità generale sia l'essenza, o anche solo il criterio del bene, devono necessariamente credere che sia anche ciò che Dio approva. Tutto il peso, quindi, della ricompensa e della punizione esterne, sia fisiche che morali, e che provengano da Dio o dai nostri simili, insieme a tutto ciò che le capacità della natura umana consentono di dedizione disinteressata a entrambi, diventa disponibile per sostenere la moralità utilitarista, in proporzione al riconoscimento di quella moralità; e tanto più efficacemente, quanto più gli strumenti dell'istruzione e della coltivazione generale sono orientati a tale scopo.

Per quanto riguarda le sanzioni esterne. La sanzione interna del dovere, qualunque sia il nostro parametro di dovere, è una sola e la stessa: un sentimento nella nostra mente; un dolore, più o meno intenso, associato alla violazione del dovere, che nelle nature morali adeguatamente coltivate si trasforma, nei casi più gravi, in un rifiuto come di fronte a un'impresa impossibile. Questo sentimento, quando è disinteressato e si collega con l'idea pura del dovere, e non con una sua particolare forma o con alcuna delle circostanze accessorie, è l'essenza della Coscienza; anche se in quel fenomeno complesso come esiste effettivamente, il semplice fatto è generalmente tutto incrostato di associazioni collaterali, derivate dalla simpatia, dall'amore e ancor più dalla paura; da tutte le forme del sentimento religioso, dai ricordi dell'infanzia e di tutta la nostra vita passata; dall'amor proprio, dal desiderio dell'approvazione degli altri, e occasionalmente persino dall'umiliazione di sé. Questa estrema complicazione è, a mio avviso, l'origine della sorta di carattere mistico che, per una tendenza della mente umana di cui ci sono molti altri esempi, è incline ad attribuire all'idea di obbligo morale e che porta le persone a credere che l'idea non possa attaccarsi possibilmente ad altri oggetti oltre a quelli che, per una presunta legge misteriosa, si trovano nella nostra esperienza attuale a suscitarla. La sua forza vincolante, tuttavia, consiste nell'esistenza di una massa di sentimenti che devono essere superati per compiere ciò che viola il nostro parametro di giusto e che, se violiamo comunque tale parametro, probabilmente dovranno essere affrontati successivamente sotto forma di rimorso. Qualunque sia la teoria che abbiamo sulla natura o sull'origine della coscienza, è questo ciò che la costituisce essenzialmente.

La sanzione ultima, quindi, di tutta la moralità (a parte i motivi esterni) essendo un sentimento soggettivo nelle nostre menti, non vedo nulla di imbarazzante per coloro il cui parametro è l'utilità nella domanda: quale è la sanzione di quel particolare parametro? Possiamo rispondere: la stessa di tutti gli altri parametri morali, i sentimenti coscienziosi dell'umanità. Indubbiamente questa sanzione non ha efficacia vincolante su coloro che non possiedono i sentimenti a cui fa appello; ma nemmeno queste persone saranno più obbedienti a qualsiasi altro principio morale rispetto a quello utilitarista. Per loro la moralità di qualsiasi tipo non ha presa se non attraverso le sanzioni esterne. Nel frattempo, i sentimenti esistono, un fatto nella natura umana, la realtà della quale, e la grande potenza con cui sono capaci di agire su coloro nei quali sono stati debitamente coltivati, sono dimostrati dall'esperienza. Non è mai stata mostrata alcuna ragione per cui essi non possano essere coltivati con altrettanta intensità in connessione con il principio utilitaristico, come con qualsiasi altra regola di morale.

Sono consapevole dell'inclinazione a credere che una persona che vede nell'obbligo morale un fatto trascendentale, una realtà oggettiva appartenente alla provincia delle 'Cose in sé', sia più propensa a obbedirvi rispetto a chi crede che sia completamente soggettivo, avendo la sua sede solo nella coscienza umana. Ma qualunque sia l'opinione di una persona su questo punto di ontologia, la forza a cui è veramente spinta è il suo sentimento soggettivo e è esattamente misurata dalla sua intensità. La convinzione di una persona che il Dover è una realtà oggettiva non è più forte della convinzione che Dio lo sia; tuttavia, la convinzione in Dio, a parte l'aspettativa di ricompensa e punizione effettive, agisce solo sul comportamento attraverso, e in proporzione a, il sentimento religioso soggettivo. La sanzione, per quanto sia disinteressata, è sempre nella mente stessa; e quindi, l'idea dei moralisti trascendentali deve essere che questa sanzione non esisterà nella mente a meno che non si creda che abbia la sua radice al di fuori della mente; e che se una persona è in grado di dire a se stessa: "Questo che mi sta frenando e che chiamo coscienza è solo un sentimento nella mia mente", potrebbe forse trarre la conclusione che quando il sentimento cessa, anche l'obbligo cessa, e che se trova il sentimento scomodo, potrebbe ignorarlo e cercare di liberarsene. Ma questo pericolo è confinato solo alla moralità utilitarista? La convinzione che l'obbligo morale abbia la sua sede al di fuori della mente rende il suo sentimento troppo forte per essere eliminato? Il fatto è che, al contrario, tutti i moralisti ammettono e deplorano la facilità con cui, nella generalità delle menti, la coscienza può essere zittita o soffocata. La domanda "Devo obbedire alla mia coscienza?" viene posta a se stessi altrettanto spesso da persone che non hanno mai sentito parlare del principio di utilità, quanto dai suoi sostenitori. Quelli le cui sensazioni coscienziose sono così deboli da permettere loro di porsi questa domanda, se rispondono in modo affermativo, non lo faranno perché credono nella teoria trascendentale, ma a causa delle sanzioni esterne.

Non è necessario, per il presente scopo, decidere se il sentimento del dovere sia innato o impiantato. Assumendo che sia innato, è una questione aperta a quali oggetti si attacca naturalmente; poiché gli sostenitori filosofici di quella teoria sono ora d'accordo sul fatto che la percezione intuitiva riguarda i principi della moralità e non i dettagli. Se c'è qualcosa di innato nella questione, non vedo motivo per cui il sentimento che è innato non dovrebbe riguardare i piaceri e i dolori degli altri. Se esiste un principio morale che è intuitivamente obbligatorio, direi che deve essere quello. Se così fosse, l'etica intuitiva coinciderebbe con l'utilitarismo, e non ci sarebbe ulteriore controversia tra di loro. Anche così com'è, i moralisti intuitivi, sebbene credano che ci siano altre obbligazioni morali intuitive, già credono che questa ne sia una; poiché unanimemente sostengono che una grande parte della moralità si basa sulla considerazione dovuta agli interessi dei nostri simili. Pertanto, se la convinzione dell'origine trascendentale dell'obbligo morale conferisce qualche efficacia aggiuntiva alla sanzione interna, mi sembra che il principio utilitaristico ne abbia già il beneficio.

D'altra parte, se, come è la mia convinzione, i sentimenti morali non sono innati, ma acquisiti, ciò non li rende per questo meno naturali. È naturale per l'uomo parlare, ragionare, costruire città, coltivare la terra, anche se sono facoltà acquisite. I sentimenti morali non sono certo una parte della nostra natura nel senso di essere in qualche misura presenti in ognuno di noi; ma questo, sfortunatamente, è un fatto ammesso anche da coloro che credono più fermamente nella loro origine trascendentale. Come le altre capacità acquisite sopra menzionate, la facoltà morale, se non fa parte della nostra natura, è una crescita naturale da essa; capace, come loro, in una certa piccola misura, di svilupparsi spontaneamente; e suscettibile di essere portata, tramite la coltivazione, a un alto grado di sviluppo. Sfortunatamente, è anche suscettibile, mediante un uso sufficiente delle sanzioni esterne e della forza delle prime impressioni, di essere coltivata in quasi qualsiasi direzione: in modo che c'è praticamente nulla di così assurdo o dannoso che non possa, per mezzo di queste influenze, essere fatto agire sulla mente umana con tutta l'autorità della coscienza. Dubitare che la stessa potenza potrebbe essere data allo stesso modo al principio dell'utilità, anche se non avesse alcun fondamento nella natura umana, significherebbe andare contro ogni esperienza.

Ma le associazioni morali che sono completamente di creazione artificiale, quando la cultura intellettuale progredisce, cedono gradualmente alla forza dissolvente dell'analisi: e se il sentimento del dovere, quando associato all'utilità, sembrerebbe altrettanto arbitrario; se non ci fosse un dipartimento principale della nostra natura, nessuna potente classe di sentimenti, con cui quell'associazione armonizzerebbe, che ci farebbe sentire che è congeniale e ci inclinerebbe non solo a coltivarla negli altri (per la quale abbiamo abbondanti motivazioni interessate), ma anche a nutrirla in noi stessi; se non ci fosse, in breve, una base naturale di sentimento per la moralità utilitaristica, potrebbe benissimo accadere che anche questa associazione, anche dopo che fosse stata piantata dall'educazione, potrebbe essere dissolta mediante analisi.

Ma c'è questa base di potente sentimento naturale; e questa è ciò che, una volta riconosciuta la felicità generale come parametro etico, costituirà la forza della moralità utilitaristica. Questa solida fondazione è rappresentata dai sentimenti sociali dell'umanità; il desiderio di essere in unità con i nostri simili, che è già un potente principio nella natura umana e, fortunatamente, uno di quelli che tendono a rafforzarsi, anche senza un'inculcazione esplicita, dalle influenze della civiltà in progresso. Lo stato sociale è così naturale, così necessario e così abituale per l'uomo, che, tranne in circostanze insolite o con uno sforzo di astrazione volontaria, non si concepisce mai diversamente che come membro di un corpo; e questa associazione si rafforza sempre di più, man mano che l'umanità si allontana dalla condizione di indipendenza selvaggia. Qualsiasi condizione, quindi, che è essenziale per uno stato di società, diventa sempre più una parte inseparabile della concezione di ogni persona dello stato di cose in cui è nata, e che è il destino di un essere umano. Ora, la società tra esseri umani, tranne che nella relazione di padrone e schiavo, è manifestamente impossibile su qualsiasi altra base se non che gli interessi di tutti devono essere presi in considerazione. La società tra individui può esistere solo con l'intesa che gli interessi di tutti devono essere considerati allo stesso modo. E poiché in tutti gli stati di civiltà, ogni persona, tranne un monarca assoluto, ha dei pari, ognuno è costretto a vivere su questi termini con qualcuno; e in ogni epoca si fa qualche progresso verso uno stato in cui sarà impossibile vivere permanentemente con qualcun altro su altri termini. In questo modo, le persone crescono incapaci di concepire come possibile uno stato di totale disprezzo degli interessi altrui. Sono obbligate a concepirsi almeno astenendosi da tutti i danni più evidenti, e (se solo per la loro stessa protezione) vivendo in uno stato di costante protesta contro di essi. Sono anche familiari con il fatto di cooperare con gli altri e proponendosi un interesse collettivo, non individuale, come obiettivo (almeno per il momento) delle loro azioni. Finché cooperano, i loro fini sono identificati con quelli degli altri; c'è almeno un sentimento temporaneo che gli interessi degli altri sono i loro stessi interessi. Non solo tutto il rafforzamento dei legami sociali e tutto lo sviluppo sano della società danno a ogni individuo un interesse personale più forte nel consultare praticamente il benessere degli altri; lo porta anche a identificare sempre di più i suoi sentimenti con il loro bene, o almeno con un grado sempre maggiore di considerazione pratica per esso. Viene, quasi istintivamente, a essere consapevole di sé come un essere che naturalmente e necessariamente tiene conto degli altri. Il bene degli altri diventa per lui una cosa naturalmente e necessariamente da considerare, come qualsiasi delle condizioni fisiche della nostra esistenza. Ora, qualsiasi quantità di questo sentimento una persona abbia, è spinta dai motivi più forti sia dell'interesse che della simpatia a dimostrarlo, e nel massimo della sua potenza a incoraggiarlo negli altri; e anche se non ne ha nulla, è altrettanto interessata quanto chiunque altro a che gli altri lo abbiano. Di conseguenza, i germi più piccoli del sentimento sono colti e nutriti dal contagio della simpatia e dalle influenze dell'educazione, e un completo intreccio di associazioni corroboranti è tessuto intorno ad esso, grazie alla potente agenzia delle sanzioni esterne. Questo modo di concepire noi stessi e la vita umana, man mano che la civiltà progredisce, è sentito come sempre più naturale. Ogni passo nel miglioramento politico lo rende più così, rimuovendo le fonti dell'opposizione di interesse e livellando quelle disuguaglianze di privilegio legale tra individui o classi, a causa delle quali ci sono ampie porzioni dell'umanità la cui felicità è ancora praticabile trascurare. In uno stato di progresso mentale, le influenze sono costantemente in aumento, tendenti a generare in ogni individuo un sentimento di unità con tutti gli altri; che, se fosse perfetto, lo farebbe mai pensare o desiderare alcuna condizione vantaggiosa per se stesso, nei benefici della quale essi non sono inclusi. Se ora supponiamo che questo sentimento di unità sia insegnato come una religione e che tutta la forza dell'educazione, delle istituzioni e dell'opinione sia indirizzata, come lo era una volta nel caso della religione, a far sì che ogni persona cresca dall'infanzia circondata su tutti i lati sia dalla professione che dalla pratica di essa, penso che nessuno, che può realizzare questa concezione, avrà dubbi sulla sufficienza della sanzione ultima per la moralità della Felicità. A ogni studente di etica che trovi difficile la realizzazione, raccomando, come mezzo per agevolarla, il secondo dei due principali lavori di M. Comte, il *Traité de Politique Positive*. Nutro forti obiezioni al sistema di politica e morale delineato in quel trattato; ma penso che abbia abbondantemente dimostrato la possibilità di dare al servizio dell'umanità, anche senza l'aiuto della fede in una Provvidenza, sia la potenza psicologica che l'efficacia sociale di una religione; facendola prendere piede nella vita umana e colorare ogni pensiero, sentimento e azione, in modo che la più grande ascendente mai esercitata da una qualsiasi religione possa essere solo un tipo e un assaggio; e del quale il pericolo è, non che sia insufficiente, ma che sia così eccessivo da interferire eccessivamente con la libertà e l'individualità umana.

Né è necessario al sentimento che costituisce la forza vincolante della moralità utilitaristica per coloro che la riconoscono, attendere quelle influenze sociali che farebbero sentire la sua obbligazione dall'umanità nel suo complesso. Nello stato relativamente precoce di sviluppo umano in cui viviamo ora, una persona non può certo sentire quella completezza di simpatia con tutti gli altri che renderebbe impossibile qualsiasi vera discordanza nella direzione generale della loro condotta di vita; ma già una persona in cui il sentimento sociale è anche solo sviluppato, non può convincersi di considerare il resto dei suoi simili come rivali con cui lottare per i mezzi della felicità, che deve desiderare vedere sconfitti nel loro obiettivo affinché lui possa avere successo nel suo. La concezione profondamente radicata che ogni individuo ha anche ora di se stesso come essere sociale tende a fargli sentire uno dei suoi bisogni naturali che ci sia armonia tra i suoi sentimenti e scopi e quelli dei suoi simili. Se le differenze di opinione e di cultura mentale rendono impossibile per lui condividere molti dei loro sentimenti effettivi – forse lo portano a denunciare e sfidare quei sentimenti – lui ha comunque bisogno di essere consapevole che il suo vero scopo e il loro non sono in contrasto; che non si oppone a ciò che desiderano veramente, ovvero il loro bene, ma che, al contrario, lo sta promuovendo. Questo sentimento in molte persone è molto inferiore in forza rispetto ai loro sentimenti egoistici e spesso manca del tutto. Ma per coloro che lo possiedono, possiede tutte le caratteristiche di un sentimento naturale. Non si presenta alle loro menti come una superstizione dell'educazione o una legge impostagli despoticamente dal potere della società, ma come un attributo che non sarebbe bene che essi si privassero. Questa convinzione è la sanzione ultima della moralità della massima felicità. È questa che fa sì che qualsiasi mente, con sentimenti ben sviluppati, collabori con, e non contro, i motivi esterni per prendersi cura degli altri, forniti da ciò che ho chiamato le sanzioni esterne; e quando tali sanzioni mancano o agiscono in una direzione opposta, costituisce di per sé una potente forza interna vincolante, in proporzione alla sensibilità e alla riflessività del carattere; poiché pochi tranne coloro la cui mente è un vuoto morale, potrebbero sopportare di pianificare il loro corso di vita seguendo l'idea di non prestare attenzione agli altri tranne per quanto il loro interesse privato impone.

CAPITOLO IV
DI CHE TIPO DI PROVA È SUSCETTIBILE IL PRINCIPIO DELL'UTILITÀ

È già stato osservato che le questioni sugli scopi ultimi non ammettono prove nell'accezione ordinaria del termine. Essere incapaci di essere provate mediante il ragionamento è comune a tutti i primi principi; alle prime premesse della nostra conoscenza, così come a quelle della nostra condotta. Ma le prime, essendo questioni di fatto, possono essere oggetto di un ricorso diretto alle facoltà che giudicano il fatto, cioè i nostri sensi e la nostra coscienza interna. Può essere fatto un appello alle stesse facoltà per le questioni sugli scopi pratici? O con quale altra facoltà se ne prende cognizione?

Le domande sugli scopi sono, in altre parole, domande su quali cose siano desiderabili. La dottrina utilitarista afferma che la felicità è desiderabile, l'unica cosa desiderabile come fine; tutte le altre cose sono desiderabili solo come mezzi per raggiungere quel fine. Cosa dovrebbe essere richiesto a questa dottrina, quali condizioni è necessario che essa soddisfi, per giustificare la sua pretesa di essere creduta?

L'unico modo di dimostrare che un oggetto è visibile è che le persone lo vedano effettivamente. L'unico modo di dimostrare che un suono è udibile è che le persone lo sentano: e così per le altre fonti della nostra esperienza. Allo stesso modo, io ritengo che l'unica evidenza possibile per dimostrare che qualcosa è desiderabile è che le persone la desiderino effettivamente. Se la fine che la dottrina utilitarista si propone non fosse riconosciuta, in teoria e nella pratica, come una fine, nulla potrebbe mai convincere qualcuno che lo è. Non si può dare alcuna ragione per cui la felicità generale sia desiderabile, se non il fatto che ogni persona, finché crede che sia raggiungibile, desidera la propria felicità. Questo, tuttavia, essendo un fatto, abbiamo non solo tutte le prove ammissibili nel caso, ma tutte quelle che è possibile richiedere, che la felicità è un bene: che la felicità di ciascuna persona è un bene per quella persona e che la felicità generale è quindi un bene per l'insieme di tutte le persone. La felicità ha dimostrato il suo diritto di essere considerata uno degli scopi del comportamento e, di conseguenza, uno dei criteri della moralità.

Ma ciò da solo non ha dimostrato di essere l'unico criterio. Per farlo, sembrerebbe necessario dimostrare, secondo la stessa regola, non solo che le persone desiderano la felicità, ma che non desiderano mai nient'altro. Ora è palese che desiderano cose che, nel linguaggio comune, sono decisamente distinte dalla felicità. Desiderano, ad esempio, la virtù e l'assenza di vizio, tanto quanto il piacere e l'assenza di dolore. Il desiderio di virtù non è universale quanto quello di felicità, ma è un fatto altrettanto autentico. E quindi gli oppositori del parametro utilitarista ritengono di avere il diritto di dedurre che ci sono altri fini dell'azione umana oltre alla felicità e che la felicità non è il parametro di approvazione e disapprovazione.

Ma la dottrina utilitarista nega che le persone desiderino la virtù o sostiene che la virtù non è qualcosa da desiderare? Proprio il contrario. Essa sostiene non solo che la virtù è da desiderare, ma che è da desiderare disinteressatamente, per sé stessa. Qualunque possa essere l'opinione dei moralisti utilitaristi riguardo alle condizioni originarie per cui la virtù diventa virtù, e qualunque cosa essi possano credere (come effettivamente credono) sul fatto che le azioni e le disposizioni sono virtuose solo perché promuovono uno scopo diverso dalla virtù stessa; una volta concesso questo e avendo deciso, da considerazioni di questo tipo, cosa sia virtuoso, essi non solo collocano la virtù in cima alle cose che sono buone come mezzi per il fine ultimo, ma riconoscono anche come un fatto psicologico la possibilità che essa sia, per l'individuo, un bene in sé, senza guardare a nessun fine oltre di essa; e sostengono che la mente non è in uno stato giusto, non è in uno stato conforme all'Utilità, non è nello stato più favorevole alla felicità generale, a meno che non ami la virtù in questo modo, come una cosa desiderabile in sé, anche se, nell'istanza individuale, non dovesse produrre quegli altri desiderabili conseguenze che tende a produrre e per le quali si ritiene che sia virtù.

Questa opinione non rappresenta, neanche minimamente, un allontanamento dal principio della Felicità. Gli ingredienti della felicità sono molto vari, e ciascuno di essi è desiderabile di per sé e non solo quando considerato come parte di un insieme. Il principio di utilità non significa che un piacere dato, come la musica, ad esempio, o un esonero da un certo dolore, come la salute, debbano essere considerati come mezzi per un qualcosa collettivo chiamato felicità, e desiderati per questo motivo. Essi sono desiderati e desiderabili di per sé; oltre ad essere mezzi, sono una parte del fine. La virtù, secondo la dottrina utilitarista, non è naturalmente e originariamente parte del fine, ma è capace di diventarlo; e in coloro che la amano disinteressatamente essa è diventata tale, ed è desiderata e coltivata, non come mezzo per la felicità, ma come parte della loro felicità.

Per illustrare ulteriormente questo concetto, possiamo ricordare che la virtù non è l'unica cosa, originariamente un mezzo, che se non fosse un mezzo per qualcos'altro, sarebbe e rimarrebbe indifferente, ma che, tramite l'associazione con ciò che è un mezzo per essa, viene a essere desiderata per sé stessa, e ciò con la massima intensità. Cosa dire, ad esempio, dell'amore per il denaro? Non c'è nulla di originariamente più desiderabile nel denaro rispetto a un mucchio di sassolini lucenti. Il suo valore consiste unicamente nelle cose che esso comprerà; nei desideri per altre cose che non sono se stesse, dei quali è mezzo per la soddisfazione. Tuttavia, l'amore per il denaro non è solo una delle forze motrici più potenti della vita umana, ma il denaro è, in molti casi, desiderato per sé stesso; il desiderio di possederlo è spesso più forte del desiderio di usarlo e continua ad aumentare quando tutti i desideri che puntano a scopi oltre di esso, da realizzare tramite esso, vanno diminuendo. Si può, quindi, dire con verità che il denaro è desiderato non per il bene di un fine, ma come parte del fine. Da essere un mezzo per la felicità, è diventato un ingrediente principale della concezione di felicità dell'individuo. Lo stesso si può dire per la maggior parte degli oggetti più importanti della vita umana – il potere, ad esempio, o la fama; salvo che a ognuno di essi è annessa una certa quantità di piacere immediato, che ha almeno l'apparenza di essere naturalmente intrinseco a essi; cosa che non si può dire del denaro. Tuttavia, la più forte attrazione naturale, sia del potere che della fama, è l'enorme aiuto che forniscono al raggiungimento dei nostri altri desideri; ed è la forte associazione così generata tra essi e tutti i nostri oggetti di desiderio, che conferisce al desiderio diretto di essi l'intensità che assume spesso, tanto da superare in forza tutti gli altri desideri. In questi casi i mezzi sono diventati parte del fine, e una parte più importante di esso rispetto a tutte le cose alle quali sono mezzi. Quello che era una volta desiderato come strumento per il raggiungimento della felicità, è diventato desiderato per il suo proprio bene. Nel desiderarlo per il suo proprio bene, tuttavia, esso è desiderato come parte della felicità. La persona diventa, o pensa che verrebbe resa, felice dalla sua mera possidenza; e diventa infelice dal fallimento nel ottenerlo. Il desiderio di esso non è una cosa diversa dal desiderio di felicità, così come l'amore per la musica o il desiderio di salute. Sono inclusi nella felicità. Sono alcuni degli elementi di cui è composto il desiderio di felicità. La felicità non è un'idea astratta, ma un insieme concreto; e il parametro utilitarista ne approva e sanziona il fatto che siano tali. La vita sarebbe una cosa povera, molto mal fornita di fonti di felicità, se non ci fosse questa provvidenza della natura, per cui cose originariamente indifferenti, ma propizie o in altro modo associate alla soddisfazione dei nostri desideri primitivi, diventano di per sé fonti di piacere più preziose dei piaceri primitivi, sia per la permanenza, sia per lo spazio dell'esistenza umana che sono capaci di coprire, e persino per l'intensità. La virtù, secondo la concezione utilitarista, è un bene di questa descrizione. Non c'era un desiderio originario o un motivo per essa, tranne la sua utilità per il piacere, e in particolare per la protezione dal dolore. Ma tramite l'associazione così formata, può essere percepita come un bene in sé e desiderata come tale con la stessa intensità di qualsiasi altro bene; e con questa differenza tra essa e l'amore per il denaro, il potere o la fama, che tutti questi possono, e spesso lo fanno, rendere l'individuo nocivo agli altri membri della società a cui appartiene, mentre non c'è nulla che lo renda tanto un beneficio per loro quanto la coltivazione dell'amore disinteressato per la virtù. E di conseguenza, il parametro utilitarista, pur tollerando e approvando quegli altri desideri acquisiti, fino al punto oltre il quale sarebbero più dannosi per la felicità generale che promotori di essa, impone e richiede la coltivazione dell'amore per la virtù fino alla massima forza possibile, essendo sopra ogni cosa importante per la felicità generale.

Risulta dalle considerazioni precedenti che, in realtà, non si desidera nulla tranne la felicità. Qualsiasi cosa sia desiderata diversamente da come mezzo per qualche scopo al di là di sé stessa e, alla fine, per la felicità, è desiderata come parte della felicità e non è desiderata per sé stessa fino a quando non lo è diventata. Coloro che desiderano la virtù per il suo valore intrinseco la desiderano o perché la coscienza di essa è un piacere, o perché la coscienza di essere senza di essa è un dolore, o per entrambe le ragioni unite; poiché in realtà il piacere e il dolore raramente esistono separatamente, ma quasi sempre insieme, la stessa persona provando piacere nel grado di virtù raggiunto e dolore nel non averne raggiunto di più. Se uno di questi non gli desse piacere e l'altro non gli causasse dolore, non amerebbe o desidererebbe la virtù, o la desidererebbe solo per gli altri benefici che potrebbe apportare a sé stesso o alle persone a cui tiene.

Abbiamo ora, quindi, una risposta alla domanda su quale tipo di prova sia suscettibile il principio di utilità. Se l'opinione che ho appena esposto è psicologicamente vera, se la natura umana è costituita in modo da desiderare nulla che non sia né parte della felicità né mezzo per raggiungerla, non possiamo avere alcuna altra prova e non ne abbiamo bisogno, che queste sono le uniche cose desiderabili. Se così è, la felicità è l'unico fine dell'azione umana, e la promozione di essa è il test mediante il quale giudicare ogni condotta umana; da ciò deriva necessariamente che deve essere il criterio della moralità, poiché una parte è inclusa nel tutto.

E ora per decidere se ciò sia davvero così; se gli esseri umani desiderino nulla per sé stessi tranne ciò che è loro piacevole, o di cui l'assenza sia un dolore; siamo evidentemente giunti a una questione di fatto ed esperienza, dipendente, come tutte le domande simili, dalle prove. Può essere determinato solo mediante una consapevolezza di sé e una auto osservazione praticate, assistite dall'osservazione degli altri. Credo che queste fonti di prova, consultate in modo imparziale, dichiareranno che desiderare una cosa e trovarla piacevole, avversione ad essa e considerarla come dolorosa, sono fenomeni completamente inseparabili, o meglio due parti dello stesso fenomeno; in rigoroso linguaggio, due modi diversi di nominare lo stesso fatto psicologico: che pensare a un oggetto come desiderabile (a meno che non sia per i suoi effetti), e pensare a esso come piacevole, sono una e la stessa cosa; e che desiderare qualsiasi cosa, eccetto nella misura in cui l'idea di essa è piacevole, è una impossibilità fisica e metafisica.

Tale evidenza mi appare così ovvia che mi aspetto che difficilmente sarà contestata; l'obiezione sarà probabilmente non che il desiderio può essere diretto a qualcosa in ultima analisi diverso dalla piacere e dall'esenzione dal dolore, ma che la volontà è una cosa diversa dal desiderio; che una persona di virtù confermata, o chiunque altro la cui volontà sia ferma, mette in atto i suoi propositi senza alcun pensiero del piacere che prova nel contemplarli o si aspetta di trarre dal loro compimento; e persiste nell'agire secondo essi, anche se questi piaceri siano notevolmente diminuiti, a causa di cambiamenti nel suo carattere o decadimento delle sue sensibilità passive, o siano sopraffatti dai dolori che il perseguimento degli scopi può arrecargli. Tutto ciò lo ammetto pienamente e l'ho dichiarato altrove, in modo positivo ed enfatico quanto chiunque altro. La volontà, il fenomeno attivo, è una cosa diversa dal desiderio, lo stato di sensibilità passiva, e anche se originariamente è un derivato da esso, col tempo può radicarsi e staccarsi dal ceppo genitore; tanto che nel caso di un proposito abituale, anziché volere la cosa perché la desideriamo, spesso la desideriamo solo perché la vogliamo. Questo è tuttavia un esempio di quel familiare fatto, il potere dell'abitudine, e non è affatto limitato al caso delle azioni virtuose. Molte cose indifferenti, che gli uomini facevano originariamente per un motivo qualsiasi, continuano a farle per abitudine. A volte ciò avviene inconsapevolmente, con la consapevolezza che arriva solo dopo l'azione: altre volte con una volontà consapevole, ma una volontà che è diventata abituale, e viene messa in funzione dalla forza dell'abitudine, in opposizione forse alla preferenza deliberata, come spesso accade a coloro che hanno contratto abitudini di indulgenza viziosa o dannosa. In terzo luogo, e ultimo viene il caso in cui l'atto abituale di volontà nell'istanza individuale non è in contraddizione con l'intenzione generale prevalente in altri momenti, ma è il suo compimento; come nel caso della persona di virtù confermata, e di tutti coloro che perseguono in modo deliberato e coerente un qualsiasi fine determinato. La distinzione tra volontà e desiderio così intesa è un autentico e altamente importante fatto psicologico; ma il fatto consiste unicamente in questo: che la volontà, come tutte le altre parti della nostra costituzione, è soggetta all'abitudine, e che possiamo volere per abitudine ciò che non desideriamo più per sé stesso, o desiderare solo perché lo vogliamo. Non è meno vero che la volontà, all'inizio, è interamente prodotta dal desiderio; includendo in tale termine l'influenza respingente del dolore così come quella attrattiva del piacere. Consideriamo non più la persona che ha una volontà confermata di fare il bene, ma colui in cui quella volontà virtuosa è ancora debole, vincibile dalla tentazione, e su cui non si può fare affidamento completo; con quali mezzi può essere rafforzata? Come può essere impiantata o risvegliata la volontà di essere virtuosi, quando non esiste con sufficiente forza? Solo facendola desiderare alla persona, facendola pensare ad essa in luce piacevole o alla sua assenza in luce dolorosa. È associando il fare il bene al piacere, o il fare male al dolore, o evocando e imprimendo e rendendo tangibili all'esperienza della persona il piacere naturalmente coinvolto nell'uno o il dolore nell'altro, che è possibile suscitare quella volontà di essere virtuosi, la quale, una volta confermata, agisce senza alcun pensiero né di piacere né di dolore. La volontà è il figlio del desiderio e passa dal dominio del suo genitore solo per entrare sotto quello dell'abitudine. Ciò che è il risultato dell'abitudine non fornisce alcuna presunzione di essere intrinsecamente buono; e non ci sarebbe alcuna ragione per desiderare che lo scopo della virtù diventasse indipendente dal piacere e dal dolore, se non fosse che l'influenza delle associazioni piacevoli e dolorose che spingono verso la virtù non è sufficientemente affidabile per una costanza di azione infallibile fino a quando non ha acquisito il supporto dell'abitudine. Sia nei sentimenti che nel comportamento, l'abitudine è l'unico elemento che conferisce certezza; ed è a causa dell'importanza per gli altri di poter fare affidamento assoluto sui propri sentimenti e comportamenti, e per se stessi di poter fare affidamento sui propri, che la volontà di fare il bene dovrebbe essere coltivata fino a diventare questa indipendenza abituale. In altre parole, questo stato della volontà è un mezzo per il bene, non intrinsecamente un bene; e non contraddice la dottrina che nulla è un bene per gli esseri umani se non in quanto è o piacevole di per sé, o un mezzo per raggiungere il piacere o evitare il dolore.

Ma se questa dottrina è vera, il principio di utilità è dimostrato. Se lo è o meno, deve ora essere lasciato alla considerazione del lettore attento.

CAPITOLO V
SULLA CONNESSIONE TRA GIUSTIZIA E UTILITÀ

In tutte le epoche della riflessione, uno degli ostacoli più insormontabili alla diffusione della dottrina secondo cui l'Utilità o la Felicità costituiscono il criterio del giusto e dello sbagliato è stato rappresentato dall'idea di Giustizia. Il potente sentimento e la percezione apparentemente chiara che questa parola evoca con una rapidità e certezza che somigliano a un istinto, sono sembrati alla maggioranza dei pensatori indicare una qualità intrinseca delle cose; dimostrare che il Giusto deve avere un'esistenza nella Natura come qualcosa di assoluto, distintamente separato da ogni varietà dell'Esigenza e, in teoria, in opposizione ad essa, sebbene (come comunemente riconosciuto) mai, a lungo andare, separato da essa nella realtà.

Nel caso di questo, come degli altri nostri sentimenti morali, non c'è una connessione necessaria tra la questione della sua origine e quella della sua forza vincolante. Il fatto che un sentimento ci sia conferito dalla Natura non legittima necessariamente tutti i suoi impulsi. Il sentimento di giustizia potrebbe essere un istinto particolare, e potrebbe comunque richiedere, come i nostri altri istinti, di essere controllato e illuminato da una ragione superiore. Se abbiamo istinti intellettuali che ci portano a giudicare in un modo particolare, così come istinti animali che ci spingono ad agire in un modo particolare, non c'è la necessità che i primi siano più infallibili nel loro campo rispetto ai secondi nel loro: può benissimo accadere che giudizi errati siano occasionalmente suggeriti da quelli, così come azioni sbagliate da questi. Ma se è una cosa credere che abbiamo sentimenti naturali di giustizia, e un altro riconoscerli come un criterio finale di condotta, queste due opinioni sono molto strettamente connesse dal punto di vista pratico. Gli esseri umani sono sempre predisposti a credere che ogni sentimento soggettivo, non altrimenti giustificato, sia una rivelazione di qualche realtà oggettiva. Il nostro obiettivo attuale è determinare se la realtà, alla quale corrisponde il sentimento di giustizia, sia una che necessita di una tale rivelazione speciale; se la giustizia o l'ingiustizia di un'azione è una cosa intrinsecamente peculiare e distinta da tutte le sue altre qualità, o solo una combinazione di alcune di quelle qualità, presentata sotto un aspetto peculiare. Ai fini di questa indagine, è praticamente importante considerare se il sentimento stesso di giustizia e ingiustizia sia sui generis come le nostre sensazioni di colore e sapore, o un sentimento derivato, formato dalla combinazione di altri. Ed è ancora più essenziale esaminare questo, poiché le persone sono in generale abbastanza disposte ad ammettere che oggettivamente i dettami della giustizia coincidono con una parte del campo dell'Utilità Generale; ma in quanto il sentimento mentale soggettivo di Giustizia è diverso da quello che comunemente si attacca alla semplice convenienza, e, tranne nei casi estremi di quest'ultima, è molto più imperativo nelle sue richieste, le persone trovano difficile vedere nella Giustizia solo un tipo o un ramo particolare dell'utilità generale e pensano che la sua forza vincolante superiore richieda un'origine completamente diversa.

Per gettare luce su questa questione, è necessario cercare di stabilire quale sia il carattere distintivo della giustizia o dell'ingiustizia: quale sia la qualità, o se esista una qualità, attribuita in comune a tutte le condotte designate come ingiuste (poiché la giustizia, come molti altri attributi morali, è meglio definita dal suo opposto), e che le distingua da quelle condotte che sono disapprovate, ma senza che venga applicato loro quel particolare epiteto di disapprovazione. Se in tutto ciò che gli uomini sono soliti caratterizzare come giusto o ingiusto, è sempre presente un attributo comune o una collezione di attributi, possiamo valutare se questo particolare attributo o combinazione di attributi sarebbe in grado di attirare intorno a sé un sentimento di quel carattere e di quell'intensità peculiare in virtù delle leggi generali della nostra costituzione emotiva, o se il sentimento è inspiegabile e richiede di essere considerato come una disposizione speciale della Natura. Se troviamo che il primo è il caso, risolveremo, risolvendo questa questione, anche il problema principale: se invece è il secondo, dovremo cercare qualche altro modo di indagarlo.

Per individuare gli attributi comuni di una varietà di oggetti, è necessario iniziare esaminando gli oggetti stessi in modo concreto. Perciò consideriamo successivamente i vari modi di agire e organizzare gli affari umani, che sono classificati, secondo l'opinione universale o ampiamente diffusa, come Giusto o Ingiusto. Le cose ben note che suscitano i sentimenti associati a quei nomi hanno una natura molto variegata. Le esaminerò rapidamente senza seguire un ordine particolare.

In primo luogo, si considera per lo più ingiusto privare qualcuno della sua libertà personale, della sua proprietà o di qualsiasi altra cosa che gli appartiene per legge. Qui, quindi, abbiamo un esempio dell'applicazione dei termini giusto e ingiusto in un senso perfettamente definito, ossia che è giusto rispettare e ingiusto violare i diritti legali di chiunque. Tuttavia, questo giudizio ammette diverse eccezioni che derivano dalle altre forme in cui si presentano le nozioni di giustizia e ingiustizia. Ad esempio, la persona che subisce la privazione può aver "decaduto" (come si dice) i diritti di cui è privata: un caso al quale torneremo tra poco.

In secondo luogo, i diritti legali di cui è privato potrebbero essere diritti che non avrebbero dovuto appartenere a lui; in altre parole, la legge che gli conferisce questi diritti potrebbe essere una legge ingiusta. Quando è così, o quando (che è la stessa cosa per i nostri scopi) si suppone che lo sia, le opinioni divergeranno sulla giustizia o ingiustizia di violarla. Alcuni sostengono che nessuna legge, per quanto cattiva, dovrebbe essere disobbedita da un cittadino individuale; che la sua opposizione ad essa, se mostrata in qualche modo, dovrebbe manifestarsi solo nel tentativo di farla modificare dalle autorità competenti. Questa opinione (che condanna molti dei più illustri benefattori dell'umanità e difenderebbe spesso istituzioni perniciose contro le uniche armi che, nello stato delle cose esistenti al momento, abbiano qualche possibilità di avere successo contro di esse) è difesa, da coloro che la sostengono, per ragioni di opportunità; principalmente sulla base dell'importanza, per l'interesse comune dell'umanità, di mantenere inviolato il sentimento di sottomissione alla legge. Altre persone, ancora, sostengono l'opinione direttamente contraria, ovvero che qualsiasi legge giudicata cattiva può essere disobbedita senza colpa, anche se non viene giudicata ingiusta, ma solo inopportuna; mentre altri limiterebbero la licenza di disobbedienza al caso di leggi ingiuste: ma ancora, alcuni dicono che tutte le leggi che sono inopportune sono ingiuste; poiché ogni legge impone qualche restrizione alla libertà naturale dell'umanità, restrizione che è un'ingiustizia, a meno che non sia legittimata dal tendere al loro bene. Tra queste diversità di opinioni, sembra essere universalmente ammesso che possano esistere leggi ingiuste e che la legge, di conseguenza, non è il criterio ultimo della giustizia, ma può conferire a una persona un beneficio o imporre a un'altra un male che la giustizia condanna. Quando, tuttavia, si ritiene che una legge sia ingiusta, sembra sempre essere considerata come tale nello stesso modo in cui una violazione della legge è ingiusta, ossia violando il diritto di qualcuno; il quale, non potendo in questo caso essere un diritto legale, riceve una denominazione diversa e viene chiamato un diritto morale. Possiamo dire, quindi, che un secondo caso di ingiustizia consiste nel prendere o trattenere da qualsiasi persona ciò a cui ha un diritto morale.

In terzo luogo, è universalmente considerato giusto che ogni persona ottenga ciò (sia esso bene o male) che merita; ed ingiusto che ottenga un bene o sia sottoposta a un male che non merita. Questa è, forse, la forma più chiara e enfatica in cui l'idea di giustizia è concepita dalla mente comune. Poiché implica la nozione di merito, sorge la domanda su cosa costituisca il merito. Parlando in generale, si comprende che una persona merita il bene se fa ciò che è giusto, il male se fa ciò che è sbagliato; e in senso più particolare, merita il bene da coloro a cui fa o ha fatto del bene, e il male da coloro a cui fa o ha fatto del male. Il precetto di rendere bene per male non è mai stato considerato un caso di adempimento della giustizia, ma come uno in cui le richieste della giustizia vengono accantonate, in obbedienza ad altre considerazioni.

In quarto luogo, è innegabilmente ingiusto mancare di fede a chiunque: violare un impegno, sia esso esplicito o implicito, o deludere le aspettative generate dal nostro stesso comportamento, almeno se abbiamo suscitato tali aspettative consapevolmente e volontariamente. Come le altre obbligazioni di giustizia di cui abbiamo già parlato, questa non è considerata assoluta, ma suscettibile di essere annullata da un'obbligazione di giustizia più forte dalla parte opposta; o da un comportamento da parte della persona interessata che è ritenuto ci assolva dall'obbligo nei suoi confronti, e costituisca una decadenza del beneficio che si aspettava di ricevere.

In quinto luogo, è universalmente riconosciuto che è contrario alla giustizia essere parziali; mostrare favore o preferenza a una persona rispetto a un'altra, in questioni a cui il favore e la preferenza non si applicano correttamente. Tuttavia, l'imparzialità non sembra essere considerata un dovere di per sé, bensì come strumento per un altro dovere; poiché si ammette che il favore e la preferenza non siano sempre biasimabili, e anzi i casi in cui sono condannati sono più l'eccezione che la regola. Una persona sarebbe più propensa a essere biasimata che applaudita se non conferisse alla sua famiglia o agli amici alcuna superiorità nei buoni uffici rispetto agli estranei, quando potesse farlo senza violare alcun altro dovere; e nessuno ritiene ingiusto cercare una persona piuttosto che un'altra come amico, parente o compagno. L'imparzialità in materia di diritti è ovviamente obbligatoria, ma ciò è compreso nell'obbligo più generale di attribuire a ciascuno il suo diritto. Un tribunale, ad esempio, deve essere imparziale, perché è tenuto a assegnare, senza considerare alcuna altra circostanza, un oggetto contestato a una delle due parti che ha diritto ad esso. Ci sono altri casi in cui l'imparzialità significa essere influenzati esclusivamente dal merito; come coloro che, nella veste di giudici, precettori o genitori, amministrano ricompense e punizioni in quanto tali. Ci sono casi, ancora, in cui significa essere influenzati esclusivamente dalla considerazione per l'interesse pubblico; come nella selezione tra candidati per un impiego governativo. In breve, l'imparzialità, come obbligo di giustizia, può essere definita come essere esclusivamente influenzati dalle considerazioni che si suppone dovrebbero influenzare il caso particolare in questione; e resistere alle sollecitazioni di qualsiasi motivo che spinga a un comportamento diverso da quello che tali considerazioni detterebbero.

Quasi affiancata all'idea di imparzialità, c'è quella di uguaglianza; che spesso entra come parte integrante sia nella concezione che nella pratica della giustizia e, agli occhi di molte persone, ne costituisce l'essenza. Ma in questo caso, ancora più che in ogni altro, la nozione di giustizia varia tra diverse persone e si conforma sempre nelle sue variazioni alla loro concezione di utilità. Ogni persona sostiene che l'uguaglianza è dettata dalla giustizia, tranne quando ritiene che l'opportunità richieda l'ineguaglianza. La giustizia nel garantire una protezione eguale ai diritti di tutti è sostenuta da coloro che supportano la più scandalosa disuguaglianza nei diritti stessi. Persino nei paesi schiavisti si ammette teoricamente che i diritti dello schiavo, quali che siano, dovrebbero essere altrettanto sacri di quelli del padrone; e che un tribunale che non li faccia rispettare con uguale rigore è carente di giustizia; allo stesso tempo, istituzioni che lasciano allo schiavo appena alcun diritto da far rispettare non sono considerate ingiuste, perché non sono considerate inopportune. Coloro che pensano che l'utilità richieda distinzioni di rango non considerano ingiusto che ricchezza e privilegi sociali siano distribuiti in modo diseguale; ma coloro che considerano questa disuguaglianza inopportuna la ritengono anche ingiusta. Chiunque pensi che il governo sia necessario, non vede ingiustizia in quanto disuguaglianza è costituita dando al magistrato poteri non concessi ad altre persone. Anche tra coloro che sostengono dottrine di livellamento, ci sono tante questioni di giustizia quanti sono i pareri diversi sull'opportunità. Alcuni comunisti considerano ingiusto che il prodotto del lavoro della comunità sia condiviso su qualsiasi altro principio che non sia quello dell'uguaglianza esatta; altri ritengono giusto che coloro che hanno bisogno di più ricevano di più; mentre altri sostengono che coloro che lavorano di più, o che producono di più, o i cui servizi sono più preziosi per la comunità, possono giustamente rivendicare una quota maggiore nella divisione del prodotto. E il senso di giustizia naturale può essere plausibilmente invocato a favore di ognuna di queste opinioni.

Tra tante applicazioni diverse del termine "giustizia", che tuttavia non è considerato ambiguo, è una questione di qualche difficoltà cogliere il legame mentale che le tiene insieme e su cui essenzialmente si basa il sentimento morale associato al termine. Forse, in questa difficoltà, si può trarre aiuto dalla storia della parola, come indicato dalla sua etimologia.

Nella maggior parte, se non in tutte, le lingue, l'etimologia della parola corrispondente a "*Giusto*" indica chiaramente un'origine legata agli ordinamenti giuridici. "*Justum*" deriva da "*jussum*", ciò che è stato ordinato. "*Δίκαιον*" deriva direttamente da "*δίκη*", una causa legale. "*Recht*", da cui derivano "*right*" e "*righteous*", è sinonimo di legge. I tribunali, l'amministrazione della giustizia, sono i tribunali e l'amministrazione della legge. "La *justice*" in francese è il termine consolidato per la giurisdizione. Non sto commettendo l'errore imputato, con qualche apparenza di verità, a Horne Tooke, di assumere che una parola debba continuare a significare ciò che significava originariamente. L'etimologia è una leggera prova di ciò che l'idea significa ora, ma è la migliore prova di come sia sorta. Non può esserci, credo, alcun dubbio che l'*idée mère*, l'elemento primitivo, nella formazione dell'idea di giustizia, fosse la conformità alla legge. Costituiva l'intera idea tra gli Ebrei, fino alla nascita del Cristianesimo; come ci si potrebbe aspettare nel caso di un popolo le cui leggi tentavano di abbracciare tutti gli argomenti per i quali erano richiesti precetti e che credevano che quelle leggi fossero una diretta emanazione dal Sommo Essere. Ma altre nazioni, e in particolare i Greci e i Romani, che sapevano che le loro leggi erano state fatte originariamente, e continuavano ancora a essere fatte, dagli uomini, non esitarono a ammettere che quegli uomini potessero fare leggi ingiuste; potessero compiere, per mezzo della legge, le stesse azioni e dagli stessi motivi che, se fatte da individui senza il sanzionamento della legge, sarebbero chiamate ingiuste. E da qui il sentimento di ingiustizia venne associato, non a tutte le violazioni della legge, ma solo alle violazioni di leggi che dovrebbero esistere, comprese quelle che dovrebbero esistere ma non esistono; e alle leggi stesse, se si supponevano contrarie a ciò che dovrebbe essere la legge. In questo modo l'idea di legge e dei suoi precetti era ancora predominante nella nozione di giustizia, anche quando le leggi effettivamente in vigore smisero di essere accettate come il suo parametro.

molte cose che né sono, né si desidera che siano, regolate dalla legge. Nessuno desidera che le leggi interferiscano con tutti i dettagli della vita privata; eppure tutti ammettono che in ogni condotta quotidiana una persona può e si mostra essere giusta o ingiusta. Ma anche qui, l'idea della violazione di ciò che dovrebbe essere legge persiste ancora in una forma modificata. Ci darebbe sempre piacere e si accorderebbe con i nostri sentimenti di giustezza vedere punite le azioni che riteniamo ingiuste, anche se non riteniamo sempre opportuno che ciò avvenga per mezzo dei tribunali. Rinunciamo a quella gratificazione a causa di inconvenienti incidentali. Saremmo lieti di vedere il comportamento giusto applicato e l'ingiustizia repressa, persino nei dettagli più minuti, se non fossimo, con ragione, timorosi di affidare al magistrato un potere così illimitato sul singolo individuo. Quando pensiamo che una persona sia moralmente obbligata a fare qualcosa, è una forma ordinaria di linguaggio dire che dovrebbe essere costretta a farlo. Saremmo lieti di vedere l'obbligo imposto da chiunque abbia il potere. Se vediamo che la sua applicazione tramite la legge sarebbe inopportuna, ci dispiace l'impossibilità, consideriamo l'impunità concessa all'ingiustizia come un male e cerchiamo di rimediare portando una forte espressione della nostra disapprovazione personale e pubblica sul colpevole. Così l'idea di costrizione legale è ancora l'idea generatrice della nozione di giustizia, sebbene subisca diverse trasformazioni prima che tale nozione, come esiste in uno stadio avanzato della società, diventi completa.

Quanto sopra è, a mio avviso, una descrizione accurata, per quanto va, dell'origine e della crescita progressiva dell'idea di giustizia. Tuttavia, dobbiamo osservare che esso non contiene ancora nulla che distingua tale obbligo dall'obbligo morale in generale. La verità è che l'idea di sanzione penale, che è l'essenza della legge, entra non solo nella concezione di ingiustizia, ma anche in quella di qualsiasi tipo di male. Non chiamiamo nulla male, a meno che non intendiamo implicare che una persona dovrebbe essere punita in qualche modo per averlo fatto; se non per legge, almeno dall'opinione dei suoi simili; se non dall'opinione, almeno dai rimproveri della sua stessa coscienza. Questo sembra essere il vero punto di svolta della distinzione tra moralità e mera convenienza. È parte della nozione di dovere in ogni sua forma che una persona può giustamente essere costretta a adempiervi. Il dovere è una cosa che può essere esigibile da una persona, come si esige un debito. A meno che non pensiamo che possa essergli esigibile, non lo chiamiamo il suo dovere. Motivi di prudenza o l'interesse di altre persone possono militare contro l'esigere effettivamente ciò; ma è chiaramente inteso che la persona stessa non avrebbe diritto di lamentarsi. Ci sono altre cose, al contrario, che vorremmo che le persone facessero, che ci piacciono o le ammiriamo per averle fatte, forse le disprezziamo per non averle fatte, ma ammettiamo comunque che non sono obbligate a farle; non è un caso di obbligo morale; non le biasimiamo, cioè non pensiamo che siano soggetti appropriati a punizione. Come acquisiamo queste idee di merito e non merito di punizione, apparirà, forse, nel seguito; ma penso che non vi sia dubbio che questa distinzione stia alla base delle nozioni di giusto e sbagliato; chiamiamo qualsiasi comportamento sbagliato, o utilizziamo, altrimenti, qualche altro termine di disapprovazione o svalutazione, a seconda che pensiamo che la persona dovrebbe o non dovrebbe essere punita per esso; e diciamo che sarebbe giusto fare così e così, o semplicemente che sarebbe auspicabile o lodevole, a seconda che vorremmo vedere la persona a cui riguarda, costretta, o solo persuasa ed esortata, ad agire in quel modo.

Questo, dunque, essendo la differenza caratteristica che delimita, non la giustizia, ma la moralità in generale, dalle rimanenti province della convenienza e della dignità; si deve ancora cercare il carattere che distingue la giustizia da altre branche della moralità. Ora è noto che gli scrittori etici dividono i doveri morali in due classi, indicate dalle poco felici espressioni, doveri di obbligazione perfetta e di obbligazione imperfetta; questi ultimi sono quelli in cui, sebbene l'atto sia obbligatorio, le particolari occasioni per compierlo sono lasciate alla nostra scelta; come nel caso della carità o della beneficenza, che siamo effettivamente tenuti a praticare, ma non nei confronti di una persona definita, né in un momento prescritto. Nel linguaggio più preciso dei giuristi filosofici, i doveri di obbligazione perfetta sono quei doveri in virtù dei quali risiede un diritto correlativo in alcune persone; i doveri di obbligazione imperfetta sono quelle obbligazioni morali che non danno origine a nessun diritto. Credo che si possa trovare che questa distinzione coincide esattamente con quella che esiste tra la giustizia e le altre obbligazioni della moralità. Nella nostra analisi delle varie accezioni popolari della giustizia, il termine sembrava generalmente implicare l'idea di un diritto personale–una pretesa da parte di uno o più individui, come quella che la legge conferisce quando concede un diritto di proprietà o altro diritto legale. Che l'ingiustizia consista nel privare una persona di un possesso, nel violare la fiducia in lui riposta, nel trattarlo peggio di quanto meriti o peggio di altre persone che non hanno pretese maggiori, in ogni caso la supposizione implica due cose–un torto commesso e una persona assegnabile che subisce il torto. L'ingiustizia può anche essere compiuta trattando una persona meglio di altri; ma il torto in questo caso è contro i suoi concorrenti, che sono anch'essi individui assegnabili. Mi sembra che questa caratteristica nel caso–un diritto in qualche persona, correlativo all'obbligo morale–

costituisca la differenza specifica tra giustizia, e generosità o beneficenza. La giustizia implica qualcosa che è non solo giusto fare e ingiusto non fare, ma che qualche persona individuale può rivendicare da noi come suo diritto morale. Nessuno ha un diritto morale alla nostra generosità o beneficenza, perché non siamo moralmente obbligati a praticare quelle virtù verso alcun individuo specifico. E si troverà, per quanto riguarda questo, come per ogni corretta definizione, che gli esempi che sembrano entrarvi in conflitto sono quelli che la confermano maggiormente. Se un moralista tenta, come alcuni hanno fatto, di sostenere che l'umanità in generale, sebbene non un individuo specifico, ha diritto a tutto il bene che possiamo fare loro, egli include immediatamente, con quella tesi, la generosità e la beneficenza nella categoria della giustizia. È obbligato a dire che i nostri sforzi massimi sono dovuti ai nostri simili, assimilandoli così a un debito; o che nulla di meno può essere un compenso sufficiente per ciò che la società fa per noi, classificando così il caso come un sentimento di gratitudine; entrambi che sono casi riconosciuti di giustizia. Ovunque esista un diritto, il caso è un caso di giustizia, e non della virtù della beneficenza: e chi non pone la distinzione tra giustizia e moralità in generale dove l'abbiamo ora posta, si troverà a non fare affatto distinzione tra di esse, ma a fondere tutta la moralità nella giustizia.

Dopo aver così cercato di determinare gli elementi distintivi che entrano nella composizione dell'idea di giustizia, siamo pronti ad intraprendere l'indagine su se il sentimento, che accompagna l'idea, vi sia associato per una speciale disposizione della natura, oppure se potrebbe essere emerso, secondo le leggi conosciute, dall'idea stessa; e in particolare, se potrebbe avere avuto origine da considerazioni di utilità generale.

Ritengo che il sentimento stesso non derivi da nulla che comunemente, o correttamente, potrebbe essere definito un'idea di convenienza; ma che, sebbene il sentimento non lo faccia, tutto ciò che è morale in esso lo fa.

Abbiamo visto che i due ingredienti essenziali nel sentimento di giustizia sono il desiderio di punire una persona che ha fatto del male e la conoscenza o la convinzione che ci sia qualche individuo o individui definiti a cui è stato fatto del male.

Ora mi sembra che il desiderio di punire una persona che ha fatto del male a qualcun altro sia una crescita spontanea da due sentimenti, entrambi altamente naturali e che sono o assomigliano agli istinti: l'impulso di autodifesa e il sentimento di simpatia.

È naturale risentirsi e respingere o vendicare qualsiasi danno fatto o tentato contro di noi o contro coloro con cui simpatizziamo. Non è necessario discutere qui l'origine di questo sentimento. Che sia un istinto o un risultato dell'intelligenza, sappiamo che è comune a tutta la natura animale; infatti, ogni animale cerca di ferire coloro che gli hanno fatto del male o che pensa stiano per fargli del male, a se stesso o ai suoi piccoli. Gli esseri umani, su questo punto, differiscono dagli altri animali solo per due particolari. In primo luogo, sono capaci di provare simpatia non solo per la loro prole o, come alcuni degli animali più nobili, per qualche animale superiore che è gentile con loro, ma per tutti gli esseri umani e persino per tutti gli esseri senzienti. In secondo luogo, grazie a un'intelligenza più sviluppata, che conferisce una gamma più ampia a tutti i loro sentimenti, siano essi auto-riferiti o di simpatia. In virtù della sua intelligenza superiore, anche a parte la sua maggiore capacità di simpatizzare, un essere umano è in grado di percepire una comunità di interessi tra sé e la società umana di cui fa parte, in modo tale che ogni comportamento che minaccia la sicurezza della società in generale è una minaccia per la sua stessa sicurezza, e suscita il suo istinto (se istinto è) di autodifesa. La stessa superiorità di intelligenza, unita alla capacità di simpatizzare con gli esseri umani in generale, gli consente di identificarsi con l'idea collettiva della sua tribù, del suo paese o dell'umanità, in modo tale che qualsiasi atto dannoso nei loro confronti stimola il suo istinto di simpatia e lo spinge alla resistenza.

Il sentimento di giustizia, in quell'elemento che consiste nel desiderio di punire, è quindi, ritengo, il naturale sentimento di rivalsa o vendetta, reso dalla mente e dalla simpatia applicabile a quei torti, cioè a quei danni, che ci feriscono attraverso, o in comune con, la società nel suo complesso. Questo sentimento, in sé, non ha nulla di morale; ciò che è morale è la sua esclusiva sottomissione alle simpatie sociali, così da attendere e obbedire al loro richiamo. Il sentimento naturale ci porterebbe a risentirci indiscriminatamente di qualsiasi cosa faccia qualcuno che ci è sgradevole; ma quando viene moralizzato dal sentimento sociale, agisce solo nelle direzioni conformi al bene generale: le persone giuste risentono di un danno alla società, anche se non è altrimenti un danno per loro stesse, e non risentono di un danno a se stesse, per quanto doloroso, a meno che non sia del tipo per il quale la società ha un interesse comune con loro nella repressione.

Non è un'obiezione contro questa dottrina affermare che, quando sentiamo offeso il nostro sentimento di giustizia, non stiamo pensando alla società nel suo complesso, o a un interesse collettivo, ma solo al caso individuale. È abbastanza comune, certo, sebbene il contrario sia lodevole, provare risentimento solo perché abbiamo sofferto dolore; ma una persona il cui risentimento è davvero un sentimento morale, ossia che considera se un atto è biasimevole prima di permettersi di risentirsi – tale persona, anche se non può dire espressamente a se stessa che sta difendendo l'interesse della società, certamente sente che sta affermando una regola che è a beneficio degli altri così come del proprio. Se non sta provando questo - se sta considerando l'atto solo nella misura in cui lo colpisce individualmente - non è consapevolmente giusto; non si preoccupa della giustizia delle sue azioni. Questo è ammesso persino dagli etici anti-utilitaristi. Quando Kant (come già osservato) propone come principio fondamentale della morale: 'Atteggia il tuo comportamento in modo che la tua regola di condotta potrebbe essere adottata come legge da tutti gli esseri razionali', egli ammette virtualmente che l'interesse dell'umanità collettiva, o almeno dell'umanità in modo indiscriminato, deve essere nella mente dell'agente quando decide coscienziosamente sulla moralità dell'atto. Altrimenti, usa parole senza significato: infatti, che una regola persino di egoismo assoluto non potrebbe essere adottata da tutti gli esseri razionali, che ci sia qualsiasi ostacolo insuperabile nella natura delle cose alla sua adozione, non può essere nemmeno plausibilmente sostenuto. Per dare un significato al principio di Kant, il senso attribuito ad esso deve essere che dobbiamo plasmare la nostra condotta secondo una regola che tutti gli esseri razionali potrebbero adottare a vantaggio del loro interesse collettivo.

Per riassumere. L'idea di giustizia presuppone due cose: una regola di condotta e un sentimento che ne sanziona l'applicazione. La prima deve essere considerata comune a tutta l'umanità e destinata al loro bene. L'altra (il sentimento) è il desiderio che coloro che infrangono la regola subiscano una punizione. È coinvolta, in aggiunta, la concezione di una persona definita che subisce la violazione; i cui diritti (per usare l'espressione appropriata al caso) vengono violati da essa. E il sentimento di giustizia mi sembra essere il desiderio animale di respingere o vendicare un danno a sé stessi o a coloro con cui si simpatizza, ampliato per includere tutte le persone, grazie alla capacità umana di simpatia estesa e alla concezione umana di intelligenza e interesse personale. Dai primi elementi, il sentimento trae la sua moralità; dai secondi, la sua peculiare forza impressionante e l'energia di autoaffermazione.

In tutto ciò, ho trattato l'idea di un diritto risiedente nella persona lesa e violato dal danno, non come un elemento separato nella composizione dell'idea e del sentimento, ma come una delle forme in cui gli altri due elementi si rivestono. Questi elementi sono, da un lato, un danno a una o più persone individuabili e, dall'altro, una richiesta di punizione. Un'analisi dei nostri stessi pensieri, credo, mostrerà che queste due cose includono tutto ciò a cui ci riferiamo quando parliamo di violazione di un diritto. Quando chiamiamo qualcosa il diritto di una persona, intendiamo che ha una valida richiesta alla società di proteggerlo nel possesso di essa, o mediante la forza della legge, o mediante quella dell'educazione e dell'opinione. Se ha ciò che consideriamo una richiesta sufficiente, per qualunque motivo, di avere qualcosa garantito dalla società, diciamo che ha un diritto su di essa. Se desideriamo dimostrare che qualcosa non gli appartiene di diritto, riteniamo che ciò sia fatto non appena si ammette che la società non dovrebbe adottare misure per garantirglielo, ma dovrebbe lasciarlo al caso o ai suoi sforzi personali. Così, si dice che una persona ha il diritto a ciò che può guadagnare in una leale competizione professionale; perché la società non dovrebbe permettere a nessun'altra persona di ostacolarlo nel cercare di guadagnare in quel modo quanto più può. Ma non ha il diritto a trecento sterline all'anno, anche se potrebbe starle guadagnando; perché la società non è chiamata a garantire che lui guadagni quella somma. Al contrario, se possiede diecimila sterline di titoli al tre per cento, ha il diritto a trecento sterline all'anno; perché la società si è assunta l'obbligo di fornirgli un reddito di tale ammontare.

Avere un diritto, quindi, è, a mio avviso, possedere qualcosa che la società dovrebbe difendermi nel possesso. Se l'obiettore continua a chiedere perché dovrebbe farlo, non posso fornirgli alcuna ragione se non l'utilità generale. Se quell'espressione non sembra trasmettere un sufficiente senso della forza dell'obbligo, né spiegarne l'energia particolare del sentimento, è perché alla composizione del sentimento contribuisce non solo un elemento razionale, ma anche un elemento animale, la sete di vendetta; e questa sete trae la sua intensità, così come la sua giustificazione morale, dalla straordinaria e importante forma di utilità coinvolta. L'interesse coinvolto è quello della sicurezza, il più vitale di tutti gli interessi per i sentimenti di ciascuno. Tutti gli altri benefici terreni sono necessari a una persona, non necessari a un'altra; e molti di essi possono, se necessario, essere rinunciati con gioia, o sostituiti da qualcos'altro; ma la sicurezza nessun essere umano può farne a meno; da essa dipendiamo per tutta la nostra immunità dal male e per il valore completo di tutto il bene, oltre il momento presente; poiché nulla tranne la gratificazione dell'istante potrebbe avere alcun valore per noi, se potessimo esserne privati di tutto il momento successivo da chiunque fosse momentaneamente più forte di noi. Ora, questa più indispensabile di tutte le necessità, dopo il nutrimento fisico, non può essere ottenuta, a meno che la macchina per fornirla sia tenuta incessantemente in attività. La nostra nozione, quindi, della pretesa che abbiamo sui nostri simili di unirci per rendere sicuro per noi il fondamento stesso della nostra esistenza, raccoglie sentimenti intorno ad essa molto più intensi di quelli coinvolti in qualunque caso più comune di utilità, tanto che la differenza in grado (come spesso accade in psicologia) diventa una vera differenza in natura. La pretesa assume quella caratteristica di assolutezza, quella apparente infinità, e incommensurabilità con tutte le altre considerazioni, che costituiscono la distinzione tra il sentimento del giusto e dell'ingiusto e quello dell'ordinaria convenienza e sconvenienza. I sentimenti coinvolti sono così potenti, e contiamo così positivamente di trovare un sentimento rispondente negli altri (essendo tutti interessati allo stesso modo), che il dovrebbe e il dover crescere nel dovere, e il riconosciuto dispensabile diventa una necessità morale, analoga a quella fisica, e spesso non inferiore ad essa nella forza vincolante.

Se la precedente analisi, o qualcosa che le somigli, non rappresenta correttamente l'idea di giustizia; se la giustizia è totalmente indipendente dall'utilità, ed è un parametro per sé, che la mente può riconoscere mediante una semplice introspezione di sé stessa; è difficile capire perché quell'oracolo interno sia così ambiguo e perché molte cose appaiano giuste o ingiuste a seconda del punto di vista da cui sono considerate.

Continuamente ci viene detto che l'Utilità è un parametro incerto, interpretato diversamente da ogni persona, e che non c'è sicurezza tranne nelle imperiture, indelebili e inequivocabili dettate della Giustizia, che portano la loro prova in sé stesse e sono indipendenti dalle fluttuazioni dell'opinione. Si potrebbe supporre da ciò che, sulle questioni di giustizia, non ci potrebbero essere controversie; che se prendiamo quella come la nostra regola, la sua applicazione a qualsiasi caso specifico non dovrebbe lasciarci alcun dubbio come una dimostrazione matematica. Tuttavia, questo è ben lungi dall'essere il caso, poiché c'è altrettanta differenza di opinione e altrettanta discussione su ciò che è giusto, come su ciò che è utile per la società. Non solo diverse nazioni e individui hanno diverse nozioni di giustizia, ma nella mente di uno stesso individuo, la giustizia non è una regola, un principio o un massimo singolo, ma molti, che non sempre coincidono nei loro dettami, e nel loro scegliere tra di essi, egli è guidato o da un parametro estraneo o dalle sue stesse predilezioni personali.

Ad esempio, c'è chi afferma che è ingiusto punire qualcuno per dare l'esempio agli altri; che la punizione è giusta solo quando è volta al bene del soggetto stesso. Altri sostengono l'estremo opposto, sostenendo che punire persone che hanno raggiunto l'età della discrezione per il loro stesso bene è dispotismo e ingiustizia, poiché se la questione riguarda esclusivamente il loro bene, nessuno ha il diritto di controllare il loro giudizio in proposito; ma che possono essere giustamente puniti per prevenire il male agli altri, essendo questo l'esercizio del legittimo diritto di autodifesa. Mr. Owen, invece, afferma che è ingiusto punire del tutto; poiché il criminale non ha creato il proprio carattere; la sua educazione e le circostanze che lo circondano lo hanno reso criminale, e per queste cose non è responsabile. Tutte queste opinioni sono estremamente plausibili; e finché la questione viene discussa solo come una questione di giustizia, senza approfondire i principi che stanno sotto la giustizia e sono la fonte della sua autorità, non riesco a capire come uno qualsiasi di questi argomentatori possa essere confutato. In verità, ognuno dei tre si basa su regole di giustizia riconosciute come veritiere. Il primo fa appello all'ingiustizia riconosciuta nel selezionare un individuo e farne un sacrificio, senza il suo consenso, a vantaggio degli altri. Il secondo si basa sull'ingiustizia riconosciuta dell'autodifesa e sull'ingiustizia ammessa di costringere una persona a conformarsi alle opinioni di un altro su ciò che costituisce il suo bene. L'Owenite invoca il principio riconosciuto che è ingiusto punire qualcuno per qualcosa che non può evitare. Ciascuno è trionfante finché non è costretto a prendere in considerazione altre massime di giustizia diverse da quella che ha selezionato; ma non appena le loro diverse massime vengono messe a confronto, ogni contendente sembra avere esattamente altrettanto da dire a suo favore quanto gli altri. Nessuno di loro può attuare la propria idea di giustizia senza calpestare un'altra altrettanto vincolante. Queste sono difficoltà; sono sempre state percepite come tali; e sono state inventate molte artifiziose soluzioni per aggirarle anziché superarle. Come rifugio dalla terza di esse, gli uomini immaginavano quella che chiamavano la libertà di volontà; pensando che non potessero giustificare la punizione di un uomo il cui libero arbitrio è in uno stato completamente odioso, a meno che non si supponga che sia giunto in tale stato senza alcuna influenza di circostanze anteriori. Per sfuggire alle altre difficoltà, un artificio favorito è stata la finzione di un contratto, secondo cui in qualche periodo sconosciuto tutti i membri della società si impegnarono ad obbedire alle leggi e acconsentirono a essere puniti per qualsiasi disobbedienza; conferendo così ai loro legislatori il diritto, che si presume non avrebbero altrimenti avuto, di punirli, sia per il loro bene sia per quello della società. Questo felice pensiero veniva considerato come un modo per eliminare l'intera difficoltà e per legittimare l'inflizione della punizione, in virtù di un'altra massima di giustizia accettata, *Volenti non fit injuria*; ciò che è fatto col consenso della persona che si presume essere danneggiata non è ingiusto. Non è necessario sottolineare che, anche se il consenso non fosse una mera finzione, questa massima non è superiore in autorità alle altre che essa dovrebbe sostituire. È, al contrario, un esemplare istruttivo del modo sciolto e irregolare in cui si sviluppano i presunti principi della giustizia. Questo particolare è evidentemente entrato in uso come un aiuto alle aspre esigenze dei tribunali, che sono talvolta costretti a accontentarsi di presunzioni molto incerte, a causa dei maggiori mali che spesso deriverebbero da qualsiasi tentativo da parte loro di andare più a fondo. Ma persino i tribunali di legge non sono in grado di aderire coerentemente alla massima, poiché permettono che gli impegni volontari siano annullati per motivi di frode e talvolta anche solo per errore o informazione erronea.

Inoltre, quando si ammette la legittimità di infliggere una punizione, quanti concetti contrastanti di giustizia emergono nel discutere la corretta distribuzione delle pene per le offese. Nessuna regola sull'argomento si raccomanda così fortemente al sentimento primitivo e spontaneo di giustizia come la *lex talionis*, un occhio per un occhio e un dente per un dente. Sebbene questo principio della legge ebraica e della legge maomettana sia stato generalmente abbandonato in Europa come massima pratica, sospetto che nella maggior parte delle menti esista un segreto desiderio per esso; e quando la retribuzione cade accidentalmente su un delinquente in quella forma precisa, il generale senso di soddisfazione dimostrato attesta quanto sia naturale il sentimento per cui questo pagamento in natura è accettabile. Per molti, la prova della giustizia nell'infliggere una pena è che la punizione dovrebbe essere proporzionata all'offesa; intendendo che dovrebbe essere misurata esattamente dalla colpa morale del colpevole (qualunque sia il loro criterio per misurare la colpa morale): la considerazione su quale quantità di punizione sia necessaria per dissuadere dall'offesa non ha nulla a che fare con la questione della giustizia, secondo la loro valutazione: mentre ci sono altri per cui quella considerazione è tutto, che sostengono che non è giusto, almeno per l'uomo, infliggere a un simile creatura, qualunque siano le sue colpe, qualsiasi quantità di sofferenza al di là del minimo necessario per impedirgli di ripetere, e agli altri di imitare, la sua cattiva condotta.

Per prendere un altro esempio da un argomento già menzionato. In un'associazione industriale cooperativa, è giusto o meno che il talento o la competenza debbano conferire un titolo a una remunerazione superiore? Sul versante negativo della questione si argomenta che chiunque faccia del suo meglio merita ugualmente bene e non dovrebbe giustamente trovarsi in una posizione di inferiorità per nessuna colpa propria; che le abilità superiori hanno già vantaggi più che sufficienti, nell'ammirazione che suscitano, nell'influenza personale che esercitano e nelle fonti interne di soddisfazione ad esse associate, senza aggiungervi una quota superiore dei beni del mondo; e che la società è tenuta, in giustizia, a compensare i meno fortunati per questa disuguaglianza di vantaggi immeritata, piuttosto che ad aggravarla. Sul versante opposto si sostiene che la società riceve di più dal lavoratore più efficiente; che i suoi servizi sono più utili e la società gli deve un maggior compenso; che una quota maggiore del risultato comune è effettivamente il suo lavoro e negargliene il diritto è una sorta di furto; che se deve ricevere solo quanto gli altri, può giustamente essere tenuto a produrre altrettanto e a dedicare una quantità minore di tempo e sforzo, proporzionata alla sua maggiore efficienza. Chi deve decidere tra questi appelli a principi di giustizia in conflitto? In questo caso, la giustizia ha due facce impossibili da conciliare, e i due contendenti hanno scelto lati opposti; uno guarda a ciò che è giusto che l'individuo riceva, l'altro a ciò che è giusto che la comunità dia. Ognuno, dal proprio punto di vista, è irrefutabile; e qualsiasi scelta tra loro, basata su motivi di giustizia, deve essere perfettamente arbitraria. Solo l'utilità sociale può decidere la preferenza.

Quante e quanto inconciliabili sono le norme di giustizia a cui si fa riferimento nel discutere la ripartizione delle tasse. Un'opinione è che il pagamento allo Stato dovrebbe essere proporzionale ai mezzi finanziari. Altri pensano che la giustizia detti ciò che chiamano tassazione graduata; prelevando una percentuale più alta da coloro che hanno di più a disposizione. In termini di giustizia naturale, si potrebbe sostenere con forza che i mezzi dovrebbero essere del tutto trascurati e che la stessa somma assoluta (quando possibile) dovrebbe essere prelevata da tutti: come gli iscritti a una mensa o a un club pagano tutti la stessa somma per gli stessi privilegi, che possano permettersela o meno. Poiché la protezione (si potrebbe dire) della legge e del governo è offerta e richiesta da tutti allo stesso modo, non c'è ingiustizia nel far pagare a tutti lo stesso prezzo. Si considera giusto, non ingiusto, che un commerciante addebiti a tutti i clienti lo stesso prezzo per lo stesso articolo, non un prezzo che varia in base ai loro mezzi di pagamento. Questa dottrina, quando applicata alle tasse, non trova sostenitori, perché entra in conflitto in modo così deciso con i sentimenti di umanità e di convenienza sociale degli esseri umani; ma il principio di giustizia che essa invoca è tanto vero e vincolante quanto quelli che possono essere invocati contro di essa. Di conseguenza, esercita un'influenza tacita sulla linea di difesa impiegata per altri modi di valutare le tasse. Le persone si sentono obbligate a sostenere che lo Stato fa di più per i ricchi che per i poveri, come giustificazione per il fatto che preleva di più da loro: anche se ciò non è veramente vero, poiché i ricchi sarebbero molto più in grado di proteggersi, in assenza di leggi o governo, rispetto ai poveri, e probabilmente avrebbero successo nel trasformare i poveri nei loro schiavi. Altri, ancora, si allontanano tanto dalla stessa concezione di giustizia da sostenere che tutti dovrebbero pagare una tassa di capitazione uguale per la protezione delle persone (essendo di uguale valore per tutti) e una tassa disuguale per la protezione dei loro beni, che è disuguale. Allo stesso tempo, altri rispondono che tutto ciò che uno possiede è tanto prezioso per lui quanto ciò che un altro possiede. Da queste confusioni non c'è altro modo di uscire che quello utilitaristico.

Quindi, la differenza tra il Giusto e l'Opportuno è una distinzione puramente immaginaria? L'umanità è stata sotto un'illusione nel pensare che la giustizia sia una cosa più sacra della politica e che quest'ultima debba essere ascoltata solo dopo che la prima è stata soddisfatta? Assolutamente no. L'esposizione che abbiamo dato della natura e dell'origine del sentimento riconosce una distinzione reale; e nessuno di coloro che professano il più sublime disprezzo per le conseguenze delle azioni come elemento della loro moralità attribuisce più importanza alla distinzione di quanto faccia io. Mentre contesto le pretese di qualsiasi teoria che stabilisca un parametro immaginario di giustizia non fondato sull'utilità, considero la giustizia basata sull'utilità come la parte principale, e incomparabilmente la più sacra e vincolante, di tutta la moralità. La giustizia è un nome per certe classi di regole morali, che riguardano gli elementi essenziali del benessere umano più strettamente, e sono quindi di obbligo assoluto più delle altre regole per la guida della vita; e la nozione che abbiamo scoperto essere essenziale all'idea di giustizia, quella di un diritto risiedente in un individuo, implica e attesta questo obbligo più vincolante.

Le regole morali che vietano all'umanità di nuocersi reciprocamente (alle quali non dobbiamo mai

126

dimenticare di includere l'interferenza ingiusta nella libertà altrui) sono più vitali per il benessere umano di qualsiasi massima, per quanto importante, che indichi solo la migliore modalità di gestione di qualche settore degli affari umani. Hanno anche la particolarità di essere l'elemento principale nel determinare l'intero complesso di sentimenti sociali dell'umanità. È la loro osservanza che da sola preserva la pace tra gli esseri umani: se l'obbedienza ad esse non fosse la regola e la disobbedienza l'eccezione, ognuno vedrebbe in ogni altro un nemico, contro il quale dovrebbe proteggersi continuamente. Ciò che è quasi altrettanto importante, queste sono le norme che gli esseri umani hanno i motivi più forti e diretti per inculcare gli uni agli altri. Con il semplice impartire istruzioni o esortazioni di natura prudenziale, potrebbero guadagnare, o pensare di guadagnare, nulla: nel raccomandare gli uni agli altri il dovere di beneficenza positiva, hanno un interesse innegabile, ma molto meno in misura: una persona potrebbe eventualmente non avere bisogno dei benefici degli altri; ma ha sempre bisogno che essi non gli facciano del male. Così le moralità che proteggono ogni individuo dal subire danni da parte degli altri, direttamente o impedendo la sua libertà di perseguire il suo bene, sono contemporaneamente quelle a cui tiene di più, e quelle per le quali ha l'interesse più forte nel diffondere e imporre con parole e azioni. È mediante l'osservanza di queste moralità che la sua idoneità a esistere come membro della comunità degli esseri umani viene testata e decisa; da ciò dipende se egli è o meno un fastidio per coloro con cui è in contatto. Ora sono queste moralità principalmente che compongono gli obblighi di giustizia. I casi più evidenti di ingiustizia, e quelli che danno il tono alla sensazione di repulsione che caratterizza il sentimento, sono atti di aggressione ingiusta, o esercizio ingiusto del potere su qualcuno; i successivi sono quelli che consistono nel trattenere ingiustamente da lui qualcosa che gli spetta: in entrambi i casi, infliggendogli un danno positivo, sia sotto forma di sofferenza diretta, sia di privazione di qualche bene di cui aveva ragionevoli motivi, sia di natura fisica che sociale, per fare affidamento su di esso.

I medesimi potenti motivi che impongono l'osservanza di queste moralità primarie ordinano la punizione di coloro che le violano; e poiché si attivano tutte le pulsioni di autodifesa, di difesa degli altri e di vendetta contro tali individui, la retribuzione, o male per male, diventa strettamente collegata al sentimento di giustizia ed è universalmente inclusa nell'idea. Il bene per bene è anche uno dei dettami della giustizia; e questo, sebbene la sua utilità sociale sia evidente e sebbene porti con sé un sentimento umano naturale, non ha a prima vista quella connessione ovvia con danno o lesione, che, esistente nei casi più elementari di giusto e ingiusto, è la fonte dell'intensità caratteristica del sentimento. Ma la connessione, sebbene meno ovvia, non è meno reale. Chi accetta benefici e rifiuta di restituirli quando necessario infligge un danno reale, deludendo una delle aspettative più naturali e ragionevoli, e che egli deve almeno tacitamente avere incoraggiato, altrimenti i benefici sarebbero raramente stati conferiti. Il rango importante, tra mali e ingiustizie umane, della delusione delle aspettative è dimostrato dal fatto che costituisce la principale criminalità di due atti altamente immorali come la rottura di un'amicizia e la rottura di una promessa. Pochi danni che gli esseri umani possano subire sono più grandi, e nessuno ferisce di più, che quando ciò in cui essi confidavano abitualmente e con piena sicurezza, li abbandona nell'ora del bisogno; e poche ingiustizie sono maggiori di questo semplice astenersi dal fare il bene; nessuna suscita più rancore, sia nella persona che soffre, sia in uno spettatore che simpatizza. Il principio, quindi, di dare a ciascuno ciò che si merita, cioè bene per bene così come male per male, non è solo incluso nell'idea di Giustizia come l'abbiamo definita, ma è un oggetto adeguato a quella intensità di sentimento che colloca il Giusto, nella stima umana, al di sopra del semplicemente Espediente.

La maggior parte dei massimi di giustizia diffusi nel mondo, e comunemente invocati nelle sue transazioni, sono semplicemente strumentali per attuare i principi di giustizia di cui abbiamo parlato.

Che una persona sia responsabile solo di ciò che ha fatto volontariamente o avrebbe potuto evitare volontariamente; che sia ingiusto condannare una persona senza averla ascoltata; che la punizione debba essere proporzionata all'offesa, e così via, sono massimi volti a impedire che il giusto principio del male per male venga distorto per infliggere male senza quella giustificazione. La maggior parte di questi massimi comuni è entrata in uso dalla pratica dei tribunali di giustizia, che sono stati naturalmente portati a un riconoscimento e elaborazione più completi di quanto sarebbe stato probabile suggerire agli altri, delle regole necessarie per consentire loro di adempiere alla loro duplice funzione, di infliggere una punizione quando è dovuta e di assegnare a ciascuna persona ciò che le spetta.

Quella prima delle virtù giudiziarie, l'imparzialità, è un obbligo di giustizia, in parte per la ragione appena menzionata; essendo una condizione necessaria per il soddisfacimento degli altri obblighi della giustizia. Ma questa non è l'unica fonte dell'alto rango, tra gli obblighi umani, di quei massimi di uguaglianza e imparzialità, che, sia nella stima popolare che in quella dei più illuminati, sono inclusi tra i precetti della giustizia. Da un punto di vista, possono essere considerati come corollari dei principi già enunciati. Se è un dovere trattare ciascuno secondo i suoi meriti, restituendo bene per bene così come reprimendo il male con il male, ne consegue necessariamente che dovremmo trattare tutti ugualmente bene (quando nessun dovere superiore lo vieti) che hanno meritato ugualmente bene da noi, e che la società dovrebbe trattare tutti ugualmente bene che hanno meritato ugualmente bene da essa, cioè che hanno meritato ugualmente bene in modo assoluto. Questo è il parametro astratto più elevato di giustizia sociale e distributiva; verso il quale tutte le istituzioni e gli sforzi di tutti i cittadini virtuosi dovrebbero convergere nel grado massimo possibile. Ma questo grande dovere morale si basa su delle fondamenta ancora più profonde, essendo una diretta emanazione dal primo principio della morale e non un mero corollario logico da dottrine secondarie o derivate. È coinvolto nel significato stesso dell'Utilità o del Principio del Massimo Bene. Quel principio è una semplice formula priva di significato razionale, a meno che la felicità di una persona, supposta uguale in grado (con l'adeguata concessione fatta per il tipo), non venga conteggiata esattamente come quella di un'altra. Essendo fornite tali condizioni, il dettato di Bentham, 'ognuno conti come uno, nessuno per più di uno', potrebbe essere scritto sotto il principio dell'utilità come un commento esplicativo. La pretesa uguale di tutti alla felicità secondo il moralista e il legislatore implica una pretesa uguale a tutti i mezzi di felicità, tranne per quanto le condizioni inevitabili della vita umana e l'interesse generale, nel quale è inclusa quella di ogni individuo, pongano limiti al massimo; e quei limiti dovrebbero essere interpretati rigorosamente. Come ogni altro massimo di giustizia, anche questo non è applicato o considerato applicabile universalmente; al contrario, come ho già osservato, si piega alle idee di ciascun individuo sulla convenienza sociale. Ma in qualsiasi caso si ritenga applicabile, è considerato il dettato della giustizia. Tutte le persone sono ritenute avere il diritto a un trattamento equo, tranne quando una riconosciuta convenienza sociale richiede il contrario. E da qui tutte le disuguaglianze sociali che hanno smesso di essere considerate opportune assumono il carattere non solo di semplice inopportunità, ma di ingiustizia, e appaiono così tiranniche che le persone sono inclini a chiedersi come abbiano mai potuto essere tollerate; dimenticando che loro stesse forse tollerano altre disuguaglianze sotto un'idea altrettanto sbagliata di convenienza, la correzione della quale farebbe sembrare ciò che approvano altrettanto mostruoso di quanto abbiano alla fine imparato a condannare. L'intera storia del miglioramento sociale è stata una serie di transizioni, attraverso le quali un costume o un'istituzione dopo l'altro, da essere una presunta necessità primaria dell'esistenza sociale, è passato al rango di un'ingiustizia e tirannia universalmente stigmatizzate. Così è stato per le distinzioni tra schiavi e liberi, nobili e servi, patrizi e plebei; e così sarà, ed in parte già è, per le aristocrazie di colore, razza e sesso.

Sembra che da quanto è stato detto, la giustizia sia un termine per indicare certi requisiti morali che, considerati collettivamente, occupano un livello più elevato nella scala dell'utilità sociale e sono quindi di un'obbligazione più prioritaria rispetto ad altri; anche se possono verificarsi casi particolari in cui qualche altro dovere sociale è così importante da prevalere su una delle massime generali della giustizia. Così, per salvare una vita, potrebbe non solo essere permesso, ma doveroso, rubare o prendere con la forza il cibo o la medicina necessari, o rapire e costringere a prestare servizio l'unico medico qualificato. In tali casi, poiché non definiamo giustizia nulla che non sia virtù, diciamo di solito, non che la giustizia deve cedere ad un altro principio morale, ma che ciò che è giusto nei casi ordinari, a causa di quell'altro principio, non è giusto nel caso particolare. Con questo utile adattamento del linguaggio, si mantiene la caratteristica di incrollabilità attribuita alla giustizia e si evita la necessità di sostenere che ci possa essere un'ingiustizia lodevole.

Le considerazioni che sono state ora addotte risolvono, a mio avviso, l'unica vera difficoltà nella teoria utilitarista della morale. È sempre stato evidente che tutti i casi di giustizia sono anche casi di convenienza: la differenza risiede nel sentimento peculiare che si attacca al primo, contraddistinto dal secondo. Se questo sentimento caratteristico è stato sufficientemente spiegato; se non c'è necessità di assumere per esso una peculiare origine; se è semplicemente il sentimento naturale di risentimento, moralizzato dall'essere reso coestensivo alle esigenze del bene sociale; e se questo sentimento non solo esiste, ma dovrebbe esistere in tutte le categorie di casi a cui corrisponde l'idea di giustizia; tale idea non si presenta più come un ostacolo per l'etica utilitarista. La giustizia rimane il nome appropriato per certe utilità sociali che sono di gran lunga più importanti, e quindi più assolute ed imperative, rispetto a tutte le altre come classe (anche se non più di altre possono essere in casi particolari); e che, quindi, dovrebbero essere, così come naturalmente sono, preservate da un sentimento non solo diverso per grado, ma anche per natura; distinto dal sentimento più mite che si attacca alla mera idea di promuovere il piacere o la comodità umana, contemporaneamente dalla natura più definita dei suoi comandi, e dal carattere più severo delle sue sanzioni.

SOMMARIO